CHRISTINE WERMTER

Die 1-2-3-Formel

Erziehen mit Liebe und Disziplin

THEORIE

PRAXIS

Christine Wermter, geboren 1964, ist Mutter von drei Kindern und arbeitet in der Schulberatung einer Grundschule sowie als Sozialpädagogische Familienhelferin im Zentrum für Jugend- und Familienhilfe Bad Kreuznach. Sie studierte deutsche Philologie, Literaturwissenschaft und Philosophie. Nach mehrjähriger Tätigkeit in Verlagen ließ sie sich an der Akademie für Individualpsychologie zur Individualpsychologischen Trainerin ausbilden und absolvierte ebendort eine Weiterbildung zur Elterntrainerin. Von 2004 bis 2008 hielt Christine Wermter zahlreiche Seminare und Vorträge an Schulen, Kindertagesstätten und kirchlichen Institutionen zu verschiedenen pädagogischen Themen – so auch zur 1-2-3-Methode, die von Thomas W. Phelan in den USA entwickelt wurde (»1-2-3 Magic«). Die Wirksamkeit der 1-2-3-Methode hat Christine Wermter im Rahmen ihrer Arbeit vielfach erprobt.

EIN WORT ZUVOR

Alltägliche Reibereien mit den Kindern können die Nerven der
Eltern zuweilen gehörig strapazieren. Ich weiß, wovon ich rede.
Mein Mann Andreas und ich haben drei Töchter. Verblüffend
festzustellen, wie schnell unser Familienleben mit Anika, Clara
und Luisa trotz bester Vorsätze und intensiver elterlicher Bemühungen manchmal ins Trudeln gerät.
Was uns im Zusammenleben mit Kindern Probleme macht, ist in
aller Regel nicht die Beziehung zu ihnen. Wir lieben unsere Kinder, unsere Kinder lieben uns. Trotzdem knallt es immer wieder
und das Familienklima leidet. Häufigster Grund: Probleme mit
der Disziplin. Der Begriff Disziplin – zuweilen in Verruf geraten –
wird in diesem Buch gebraucht als Ausdruck für gegenseitigen
Respekt und die Bereitschaft, Regeln einzuhalten.
Meist haben die atmosphärischen Störungen im Familienalltag
ganz banale Ursachen. Die Kinder halten sich nicht an die Regeln.
Sie motzen, streiten und verhalten sich uns gegenüber respektlos.
Dieses Buch stellt Ihnen eine Methode vor, mit deren Hilfe Sie
Probleme mit der Disziplin kurz und freundlich lösen können.
Sie werden feststellen, dass es gar nicht besonders schwierig oder
zeitraubend ist, bestimmten Verhaltensweisen Einhalt zu gebieten. Wenn Sie damit beginnen, die 1-2-3-Methode einzusetzen,
haben Sie im Handumdrehen ein weniger anstrengendes Familienleben. Sie werden mehr Zeit und eine bessere Kondition dafür
haben, Ihre Kinder freundlich und konsequent anzuleiten. Auf
dieser Basis können Sie entspannt weitermachen.
Betrachten Sie dieses Buch als Arbeitsgrundlage und legen Sie los!
Im Praxisteil von A bis Z können Sie immer wieder nachschlagen,
wenn konkrete Probleme auftreten oder Sie unsicher werden sollten. Ich wünsche Ihnen alles Gute für Ihren Weg zu einem harmo-
nischeren Familienleben!

Christine Wermter

KINDER LERNEN ZU KOOPERIEREN

Es könnte so viel Spaß machen, Kinder zu erziehen – wenn es nur nicht so ermüdend wäre: Sie stellen Regeln auf, das Kind ignoriert sie. Mit der 1-2-3-Formel können Sie das ändern.

Das Geheimnis
der 1-2-3-Formel

Stellen Sie sich vor, Sie wären in der Lage, die Verhaltensweisen Ihrer Kinder, die täglich zu familiären Gewitterwolken führen, zu verbessern: Sie wären entspannter und gelöster – die Kinder auch! Sie wären gut gelaunt – die Kinder auch! Ärger und Streitigkeiten würde es natürlich trotzdem noch geben. Die würden sich aber nicht mehr am täglichen Kleinkram entzünden. Damit hielte sich auch die Zahl der Zusammenstöße in Grenzen. In dieser friedlicheren Familienatmosphäre hätten Sie viel bessere

Chancen, Ihre Kinder zu ermutigen, zu fördern, wünschenswerte, aber anstrengende Verhaltensweisen anzuleiten. Ihre Nerven würden dabei auch sehr viel weniger belastet. Und ganz nebenbei, ohne dass Sie eigens daran arbeiteten, würden Sie eine stabile, liebevolle Beziehung zu Ihrem Kind (oder Ihren Kindern) pflegen. Mit der 1-2-3-Formel rückt diese Möglichkeit in greifbare Nähe.

Was Sie mit der Methode erreichen können

Die 1-2-3-Formel ist weder kompliziert aufgebaut noch an einen umfangreichen theoretischen Überbau gebunden, den Sie sich mühevoll erschließen müssten. Sie gehen Schritt für Schritt vor, machen sich zunächst mit dem ersten Methodenbaustein (siehe rechts) vertraut – und starten direkt in die praktische Anwendung. Das funktioniert, weil Sie in einem klar begrenzten Bereich der Erziehung ansetzen und mit wenigen Regeln arbeiten, die leicht zu handhaben sind, wenn Sie die entsprechenden Voraussetzungen dazu geschaffen haben.

Im Kern geht es darum, Verhaltensweisen Ihrer Kinder zu stoppen, die das Zusammenleben stören. Um das zu erreichen, gehen Sie bei der 1-2-3-Methode streng systematisch vor. Auf inakzeptables Verhalten Ihrer Kinder reagieren Sie immer sofort. Das hat zwei unbestreitbare Vorteile: Erstens müssen Sie nicht lange überlegen, sondern können sofort souverän handeln. Zweitens sind Sie damit für Ihre Kinder berechenbar. Für beide, Kinder und Eltern, entsteht dadurch ein Mehr an Sicherheit. Auch in unerfreulichen Situationen werden Sie so häufiger einen klaren Kopf behalten und fair bleiben können.

EINE METHODE, ZWEI BAUSTEINE
Die 1-2-3-Formel setzt sich aus zwei wesentlichen Bausteinen zusammen:
> **Baustein 1:** Eltern unterbinden störende Verhaltensweisen ihrer Kinder.
> **Baustein 2:** Eltern ermutigen ihre Kinder und verstärken erwünschtes Verhalten.

Disziplin – ein Wort mit Vergangenheit

Die 1-2-3-Methode setzt auf Disziplin. Dieser Begriff hat in unserer Gesellschaft allerdings ein schlechtes Image. In vielen Köpfen verknüpft sich »Disziplin« mit militärischem Drill. Nicht wenige Eltern verbinden deshalb mit dem Begriff ein überholtes System von Befehl und Gehorsam. In einer zeitgemäßen Erziehung, die Ziele wie Selbstbewusstsein und Kreativität verfolgt, scheint Disziplin nichts mehr verloren zu haben.

Bernhard Bueb, langjähriger Internatsleiter, beschreibt in seiner Streitschrift »Lob der Disziplin«, wie der Missbrauch dieser pädagogischen Leitidee durch den deutschen Nationalsozialismus die Disziplin für Generationen diskreditiert hat. Disziplin bedeutet aber nur dann Zwang, Unterordnung und Verzicht, wenn wir der ideologisch gefärbten Vorstellung folgen.

Disziplin im ursprünglichen Sinn heißt dagegen: Regeln aufstellen, einhalten und respektieren. Disziplin ist ohne Regeln nicht denkbar. Erziehung, die nicht im Chaos enden soll, auch nicht. Kinder, die sich nicht an Regeln halten und ständig alle Grenzen überschreiten, überfordern unsere liebevolle Haltung. Wir werden sauer, wütend, laut. Damit Kinder Regeln einhalten, müssen wir kooperatives Verhalten von ihnen einfordern.

Autorität und demokratisches Elterngewissen

Hand aufs Herz: Sind Sie bereit, Regeln und Forderungen auch gegen die (erbitterten) Widerstände Ihrer Kinder durchzusetzen? Auseinandersetzungen ergeben sich häufig aus Verboten, die der Unternehmungslust unserer Kinder Grenzen auferlegen, und Aufforderungen, die unseren Nachwuchs in die Pflicht nehmen. Wenn Sie nicht zulassen wollen, dass beim Planschen das gesamte Badezimmer unter Wasser gesetzt wird, oder darauf bestehen, dass Abwaschen nicht nur Sache der Erwachsenen ist, sind Sie eben der Spielverderber und müssen aushalten, dass Ihre Kinder auch mal sauer auf Sie sind.

Erwarten Eltern dagegen, dass ihre Kinder freiwillig ins Bett gehen, wenn sie gerade mit Spaß bei einer Beschäftigung sind, geben sie sich einer angenehmen Illusion hin. Wenn wir nach dem Prinzip der Freiwilligkeit erziehen, werden die Kinder tun, wozu sie Lust haben. Rechtzeitig ins Bett zu gehen, gehört höchstwahrscheinlich nicht dazu. Der Schlüssel zur Umsetzung von angemessenen Verhaltensregeln liegt im ständigen unfreiwilligen Üben. Unfreiwilliges Üben macht allerdings wenig Spaß und ist für Kinder und Eltern deshalb gleichermaßen anstrengend. Geduld und Verständnis sind dabei auf jeden Fall unverzichtbar,

EIN LEICHTER EINSTIEG

Es gibt immer unterschiedliche Lösungswege, wenn es darum geht, soziale Beziehungen zu verbessern. Die 1-2-3-Methode bietet einen sehr einfachen Einstieg: Sie konzentriert sich zunächst nur darauf, störende Verhaltensweisen des Kindes aufzufangen.

reichen aber nicht immer aus, um unserer Erziehungsaufgabe gerecht zu werden. Manchmal sind auch Konsequenz und Beharrlichkeit erforderlich.

Ein schwieriger Balanceakt

Bevor Sie die 1-2-3-Methode einführen, sollten Sie sich darüber im Klaren sein, dass Sie damit ein Bekenntnis zu elterlicher Autorität ablegen. Wenn Ihnen das ein bisschen unheimlich sein sollte, seien Sie sicher: Sie stehen damit nicht allein. Heute sehen viele Eltern ihre Rolle nicht mehr darin, ihre Kinder durch Strenge zu erziehen. Sie verstehen sich eher als ältere Freunde ihrer Kinder. Dieses Selbstverständnis kann allerdings zu problematischen Rollenkonflikten führen.

Eltern, die es mit der Partnerschaftlichkeit in der Erziehung übertreiben, laufen Gefahr, sich vom Wohlwollen ihrer Kinder abhängig zu machen. Sie fürchten, die Zuneigung der Kinder zu verlieren, wenn sie beharrlich auf der Einhaltung einmal gesetzter Regeln bestehen. Es fällt ihnen daher schwer, sich konsequent zu verhalten und klare Entscheidungen zu treffen, ohne diese fortwährend zu rechtfertigen. Sie erhoffen sich selbst von kleinen Kindern, dass diese den Sinn ihrer Vorgaben verstehen, besser noch gutheißen und absegnen.

Solche Eltern neigen besonders in kritischen Situationen dazu, sich dem Kind zu erklären, die Erklärung zu wiederholen, sie immer neu zu formulieren. Sie flehen geradezu um Verständnis. Sie behandeln das Kind wie einen Erwachsenen, mit dem sie bei einer Meinungsverschiedenheit Einigung erzielen wollen, indem sie ihm möglichst überzeugende Argumente liefern. Sie glauben, dass das Kind ebenso vernunftgesteuert denkt und handelt wie sie selber, und geben sich der Illusion hin, dass es sich ihren Ausführungen bereitwillig anschließen wird, wenn sie diese nur schlüssig genug darlegen.

WICHTIG

Neue Methoden erfordern gesunde Kinder. Starten Sie die neue Erziehungsmethode nicht in einer Phase, in der Ihr Kind körperlich angeschlagen ist. Ein krankes Kind braucht Schonung und Fürsorge. Die Umstellung auf einen neuen pädagogischen Ansatz erfordert Konzentration und wird sich weder für die Eltern noch für die Kinder stressfrei gestalten. Stress haben Sie aber schon, wenn Sie zu nächtlicher Stunde mit Hustensaft und Erkältungsbalsam hantieren müssen. Also warten Sie lieber die Grippe ab, bevor Sie die 1-2-3-Methode zum ersten Mal einsetzen!

AUSZÄHLEN – IN ALLER KÜRZE

Die 1-2-3-Formel verlangt nicht nur Ihrem Kind, sondern auch Ihnen selbst Disziplin ab, weil Sie sich mit Worten zurückhalten müssen, anstatt sich auf fruchtlose Diskussionen einzulassen. Zeigt Ihr Kind ein störendes Verhalten, das Sie unterbinden wollen (wie Quengeln oder Lärmen), beginnen Sie einfach, es auszuzählen. Das geschieht in denkbar knappster Form, indem Sie sagen: »Hier ist die 1.« – »Hier ist die 2.« – »Hier ist die 3.« Damit können Sie Ihrem Rededrang zumindest ein kleines bisschen Luft verschaffen. Vor allem aber setzen Sie einen Impuls für Ihr Kind, sein unliebsames Verhalten zu stoppen.

Näheres zur Vorgehensweise des Auszählens finden Sie ab Seite 29.

Kinder ticken anders

Sie werden erfahren haben, dass es kaum etwas Frustrierenderes gibt als ein freundliches und mit den besten Absichten geführtes Gespräch, auf das das Kind überhaupt nicht reagiert. Oft genug setzt das eine Aggressionsspirale in Gang: Wir reden und leisten Überzeugungsarbeit, dann fangen wir an zu schimpfen, am Ende schlagen wir die Tür zu und sind mit den Nerven völlig fertig. Das tut der Beziehung nicht gut – und unserem Selbstwertgefühl auch nicht. Kinder sind einfach anders. Sie handeln – gemessen an den Kriterien der Erwachsenen – völlig irrational, meist im eigenen Interesse, und das bedeutet egoistisch. In der Regel sind sie sich ihrer Ziele auch gar nicht bewusst. Sie brauchen geduldige, liebevolle, konsequente Erzieher, viele Chancen zum Üben und bisweilen etwas Hilfe, um die Notbremse zu ziehen.

Weil Kinder nicht mit einem Schlag erwachsen werden, sondern sich kontinuierlich entwickeln, sind wir gefordert, ihr Mitbestimmungsrecht altersgemäß zu erweitern und es ihren Entwicklungsfortschritten anzupassen. Faustregel: Je älter die Kinder, desto stärker werden sie an Entscheidungen beteiligt.

Das heißt, die Dreijährige hat gewöhnlich kein Mitspracherecht, wenn es darum geht, was sie anzieht; die Entscheidung treffen Sie. Der Fünfjährigen präsentieren Sie zwei T-Shirts zur Wahl. Mit der Zehnjährigen gehen Sie Kleidungsstücke einkaufen, bera-

Schön, wenn Ihr Kind Geschmack entwickelt! Unterstützen Sie es dabei – aber bitte altersgemäß.

ten sie und üben Ihr Vetorecht aus. Ihre Fünfzehnjährige entscheidet in der Regel selbst, wie sie sich kleidet.

Für welches Alter eignet sich die 1-2-3-Formel?

Für den Einsatz der 1-2-3-Formel bedeutet das: Sie funktioniert am besten vom frühen Kindergartenalter bis zur Vollendung der Grundschulzeit. Kinder dieses Alters akzeptieren grundsätzlich, dass Mama und Papa Regeln vorgeben. Mit fortschreitendem Alter der Kinder sind Eltern gut beraten, zunehmend seltener direktiv zu erziehen, häufiger zu verhandeln. Wann die endgültige Grenze erreicht ist, ist von Kind zu Kind verschieden.

Die untere Altersgrenze

Ihr Kind sollte mindestens zwei Jahre alt sein, wenn Sie mit dem ersten Teil der 1-2-3-Methode, dem Auszählen, anfangen. Das

KLEINKINDER AUSZÄHLEN

Kleine Kinder im Alter von zwei bis drei Jahren können mit Erklärungen zur 1-2-3-Formel noch nicht viel anfangen. Trotzdem lässt sich die Methode durchaus schon bei Zweijährigen anwenden. Die meisten Kleinkinder sind cleverer, als ihr Wortschatz vermuten lässt.

mag sich erstaunlich früh anhören, doch es kann durchaus funktionieren. Die Mutter eines quirligen Zweijährigen berichtete, ihr Sohn nehme es ziemlich unbeeindruckt hin, wenn sie schimpfend und drohend versuche, ihn beispielsweise von halsbrecherischen Kletterpartien auf dem Spielplatz abzuhalten. Wenn sie aber damit anfange, ihn auszuzählen, zeige er sofort Respekt und halte inne. Der Ton der Stimme und ihre Präsenz lassen den Kleinen mitten im Abenteuer aufmerken. Das zeigt, dass viele Worte in der Erziehung nicht unbedingt entscheidend sind. Auf unsere Haltung, die wir über das Auszählen signalisieren (Näheres dazu lesen Sie ab Seite 32), kommt es an. Das verstehen auch schon ganz kleine Kinder.

Es ist allerdings gut möglich, dass Eltern von Kleinkindern viel Geduld brauchen, wenn sie die 1-2-3-Methode einführen wollen. Dann nämlich, wenn die Kleinen sich gerade in der Trotzphase befinden. In dieser Zeit erkennt sich das Kind zum ersten Mal als selbstständiges Wesen mit eigenem Willen, das seine Durchsetzungsfähigkeit testet. Es will nicht mehr nur abhängig sein, sondern am liebsten alles »selber!« machen. Da ein zweijähriges Kind beim Eintritt in das erste Autonomiealter in der Regel noch nicht über die verbalen Fähigkeiten verfügt, seinen Willen klar verständlich zu machen, bricht häufig die ohnmächtige Wut mit Wucht durch. In solchen Zeiten ist Fingerspitzengefühl gefordert. Während eines Trotzanfalls kann ein tobendes Kind auf die gezählten Warnungen möglicherweise gar nicht reagieren. Ein elterlicher Disziplinierungsversuch in einem solchen Moment könnte zu ungewollter Eskalation führen. Da hilft nur eins: Ruhe bewahren und abwarten, bis das Kind wieder zugänglich ist.

Die obere Altersgrenze

Mit etwa elf Jahren, manchmal auch schon früher, ist die obere Altersgrenze für die Anwendung der 1-2-3-Formel erreicht. Wenn die Kinder älter sind, werden sie wahrscheinlich gegen die »kindische Abzählerei« aufbegehren. Aber Sie können die Methode trotzdem benutzen – still und nur für sich. Erinnern Sie sich: Bei der 1-2-3-Methode geht es darum, sowohl das eigene Verhalten als auch das Ihres Kindes zu kontrollieren. Ihr diszipliniertes Verhalten wird Ihre Kinder beeindrucken und langfristig vorbildhaft wirken. Wenn also eins Ihrer Kinder in der Pubertät ist, setzen Sie ohne Worte den Zeitpunkt für die Eins fest. Warten Sie fünf Sekunden ab und erhöhen Sie still auf die Zwei. Bei der Drei lassen Sie eine Auszeit folgen – Sie verlassen den Raum. Vertagen Sie die Konfliktlösung ruhig ein Weilchen. In einer Streit- oder Machtkampfsituation können Sie ohnehin keine vernünftige Lösung finden.

DISZIPLIN IN DER TROTZPHASE

Es gibt Entwicklungsphasen bei Kindern, in denen sich Erziehung zur Disziplin besonders schwierig gestaltet. Das betrifft nicht nur die rebellischen Zeiten während der Pubertät, sondern auch das sogenannte Trotzalter, das sich bei den meisten Kindern mit etwa zwei Jahren zeigt. Dann sollten Eltern behutsam vorgehen, um Machtkämpfe zu vermeiden.

Wo wird die Methode eingesetzt?

US-amerikanische Erfahrungen haben gezeigt, dass die 1-2-3-Formel grundsätzlich bei allen Kindern anwendbar ist. Verhaltensauffälligkeiten oder kognitive Einschränkungen sind dabei kein Hinderungsgrund. In den USA arbeiten nicht nur Eltern, sondern auch Therapeuten und Sonderpädagogen mit der 1-2-3-Methode (die in abgewandelter Form übrigens auch in der Schule einsetzbar ist). Insbesondere Kinder mit Konzentrationsschwächen, Wahrnehmungsstörungen (zum Beispiel Einschränkungen des Hörvermögens) oder Verzögerungen in der Sprachentwicklung sprechen gut auf die Methode an, weil sie sehr klar strukturiert ist, im Kern mit einem Minimum an Sprache auskommt und nur geringe Sprachkompetenz beim Kind voraussetzt.

Kleine und große Familien

Wenn Sie Ihre Kinder zusammen mit Ihrem Partner oder Ihrer Partnerin erziehen, ist es sinnvoll, sich mit ihm oder ihr über die 1-2-3-Methode abzustimmen. Am besten lesen Sie die Anleitung gemeinsam und besprechen, wie Sie bei der praktischen Anwendung vorgehen wollen. Wenden beide Eltern die 1-2-3-Formel

WICHTIG
Wenn bei Ihrem Kind eine Störung der Konzentration oder des Lernverhaltens vorliegt, informieren Sie den behandelnden Arzt oder Therapeuten beziehungsweise den Lehrer über Ihr Vorhaben, mit der 1-2-3-Formel zu arbeiten.

an, werden sich die positiven Auswirkungen schneller abzeichnen. Selbstverständlich können auch Alleinerziehende mit der 1-2-3-Formel arbeiten. Da sie die ganze Erziehungsverantwortung allein tragen, sind kräftesparende Methoden ideal für sie.

Generell ist die Methode ebenso für die Erziehung von Einzelkindern wie für den Einsatz in der Großfamilie geeignet. Eltern von Einzelkindern werden von der klaren Struktur ebenso profitieren wie Eltern mehrerer Kinder, denen es damit leichter fallen wird, den Grundsatz der Gleichbehandlung aller Sprösslinge transparent zu machen. Familien, die an einer Erziehungsberatung teilnehmen, sollten den Einsatz der 1-2-3-Methode vorab mit dem Berater besprechen.

Die häufigsten Fehler und Fallen

Bevor Sie die 1-2-3-Formel in Ihrer Familie erstmals anwenden, sollten Sie noch einen Blick auf das werfen, was Sie beim erfolgreichen Einsatz der Methode behindern könnte: Das Gelingen Ihrer Erziehungsbemühungen ist immer dann gefährdet, wenn Sie zu viel an Emotionen zeigen und zu lange auf Ihr Kind einreden (Seite 19).

Fangen wir bei den Gefühlen an. Die Beziehung zwischen Eltern und Kindern ist in aller Regel innig und gefühlsbetont. Das ist ganz natürlich und im Grunde wünschenswert, kann aber auch zum Problem werden. Sie kennen das: Es gibt Zeiten, in denen wir vor Liebe zu unseren Kindern geradezu zerfließen. In anderen Momenten würden wir die lieben Kleinen am liebsten dahin verbannen, wo der Pfeffer wächst. Dann wird es schwierig: Erwachsene, die enttäuscht sind und in Wut geraten, verlieren leicht die Beherrschung. Sie tun und sagen dann manchmal Dinge, die ihr Kind verletzen und die ihnen furchtbar leidtun, wenn sie sich wieder beruhigt haben.

In diesem Fall kann die Methode ihre positiven Wirkungen auch auf die Eltern entfalten, indem sie ihnen hilft, den eigenen Frust einzudämmen. Wenn wir einen Wutanfall bekommen, weil unsere Zweijährige die Tischdecke mit dem Frühstücksgeschirr heruntergezogen oder unser Sechsjähriger die Tulpen im Vorgarten geköpft

WICHTIG
Reden Eltern zu viel, zu lange, zu ausführlich, hören die Kinder nicht mehr zu. Zeigen Eltern zu viele Gefühle (der Wut, der Enttäuschung, des verletzten Stolzes), werden sie angreifbar oder verlieren die Kontrolle.

WIE AUTHENTISCH MÜSSEN ELTERN IHREN KINDERN BEGEGNEN?

Eltern lieben ihre Kinder – klar, dass hier Emotionen im Spiel sind! Die Empfehlung, keine Gefühle zu zeigen, stößt bei Eltern daher oft auf Unverständnis. Natürlich können wir unsere Emotionen nicht ausblenden, zumal wir davon ausgehen müssen, dass unsere Kinder sie bemerken. Wir sollten ihnen nichts vorspielen – aber Haltung zeigen.

Sie erkennen, dass Ihr Kind gerade Spaß daran hat, die Tapete im Esszimmer mit einer Zeichnung zu verzieren? Sie wollen, dass es damit aufhört, dabei hilft, den Schaden so gut wie möglich zu beseitigen, und lernt, die Regeln für künstlerische Betätigung zu akzeptieren (Malpapier gut, Wand schlecht)? Dann sollten Sie darauf verzichten, Ihre verletzten Gefühle auszuleben, denn das verhilft Ihrem Kind nicht zu sachlichen Einsichten. Emotionale Zurückhaltung macht Sie Ihrem Kind gegenüber noch lange nicht unehrlich, Sie ordnen lediglich Ihre Verärgerung Ihren aktuellen Erziehungsabsichten unter.

---

hat, ist das für unsere Kinder unheimlich spannend. Der rote Kopf und die Brüllstimme des Erwachsenen sind als Wirkung noch weit interessanter als Scherben, Kaffeepfützen oder Einblicke in den inneren Aufbau von Tulpen. Die Kinder werden so eine Vorstellung vermutlich gerne noch einmal erleben wollen.

Kinder wollen Aufmerksamkeit

Eltern sind für ein kleines Kind der Mittelpunkt der Welt. Das Gefühl der Zugehörigkeit zu liebevollen Eltern, zu einer Familie, in der es seinen Platz hat, ist für ein Kind die Grundvoraussetzung dafür, dass es sich seinen Anlagen gemäß entwickeln kann. Kinder sind daher abhängig von der Aufmerksamkeit ihrer Eltern. Wenn sie glauben, dass sie diese Aufmerksamkeit durch konstruktives Verhalten nicht (mehr) erreichen können, ziehen sie alle Register. Klassische Fälle: Ein Geschwisterkind kommt zur Welt oder der vormals stets präsente Elternteil nimmt eine Berufstätigkeit auf.

Kinder, die sich zurückgesetzt oder wenig beachtet fühlen, unterscheiden nicht mehr nach positiver und negativer Aufmerksamkeit. Sie handeln nach der Devise: Hauptsache, ich werde wahrgenommen! Aufmerksamkeit ist das alleinige Ziel, das sie verfolgen. Auch Schimpfen ist eine Form von Aufmerksamkeit. Selbst Schlagen kann aus verzweifelter kindlicher Perspektive handgreifliche Aufmerksamkeit bedeuten.

Warum Reden und Schimpfen nicht wirklich hilft

Häufig hat es den Anschein, lautstarkes Schimpfen helfe im Erziehungsgeschäft. Unbenommen, dass gestresste Eltern dabei mal Dampf ablassen können. Aber gleichzeitig tappen sie in die Kritikfalle. Beispiel: Raul haut seinen kleinen Bruder Fabian. Mama schimpft Raul aus. Der hört in diesem Moment damit auf. Mama hat den Eindruck, dass ihr Eingreifen genutzt hat. Aber Raul hat gelernt: Wenn ich will, dass Mama sich mit mir beschäftigt, muss ich nur den Fabi traktieren – und schon habe ich ihre volle Aufmerksamkeit. Wenn wir Raul nun über einen längeren Zeitraum beobachten, können wir erkennen, dass er – bewusst oder unbewusst – immer wieder den Versuch unternimmt, über diese bewährte Methode Aufmerksamkeit zu bekommen.

Lautes Schimpfen nützt allenfalls kurzfristig etwas: Sie können kräftig Dampf ablassen. Doch sonst?

Der Individualpsychologe Rudolf Dreikurs hat es einmal so formuliert: »Was sind das für Kinder, die Nägel kauen? Es sind Kinder von Eltern, die nicht wollen, dass ihre Kinder Nägel kauen (... und ihnen das mehrmals täglich sagen).«

Geben Sie dem unerwünschten Verhalten Ihres Kindes so wenig Bedeutung wie möglich. Regen Sie sich nicht wortreich darüber auf. Zu viele Gefühle sind kontraproduktiv, wenn Sie störendem Verhalten von Kindern Einhalt gebieten wollen. Durch ein Übermaß an Gefühlen und Worten verlieren Sie Ihren pädagogischen Faden und sabotieren Ihr eigenes Vorgehen. Machen Sie es sich daher zur Regel, bei Konflikten so wenig wie möglich zu sprechen, und beschränken Sie sich, soweit es geht, auf das Auszählen (Seite 29). Das mindert auch die Gefahr, sich in Rage zu reden.

TIPP: Handeln statt reden

Es gibt Zeiten zu reden und Zeiten zu handeln. Sprechen Sie mit Ihrem Kind, wenn Sie es ermutigen wollen. Diskutieren Sie mit ihm, wenn Sie ihm Gelegenheit geben wollen, sich eine eigene Meinung zu bilden. Aber reden Sie nicht, wenn Sie erreichen wollen, dass Ihr Kind ein störendes Verhalten unterlässt. Sie können nicht fest und gelassen bleiben, solange Sie reden. Setzen Sie stattdessen Signale, indem Sie Ihr Kind auszählen (ab Seite 29) – und handeln Sie konsequent.

Der Familienrat – eine sinnvolle Ergänzung

Eltern sind gut beraten, für ausführliche Gespräche eine besondere Gesprächssituation zu schaffen. Der Familienrat schafft Raum zum Reden. Er zeigt außerdem: Das Bekenntnis zu einer Position väterlicher beziehungsweise mütterlicher Autorität in der Familie muss ein partnerschaftliches Verhältnis nicht ausschließen. Mit dem Familienrat schlagen Sie die perfekte Brücke zwischen Autorität und Demokratie, dem Respekt gegenüber Regeln einerseits und der Freiheit der Meinungsäußerung andererseits. Damit Sie wissen, worauf Sie sich einlassen, sollen hier ein paar erläuternde Worte zur Theorie des Familienrats folgen.

Die Idee, konzipiert von Rudolf Dreikurs, beruht auf zwei Grundsätzen der Individualpsychologie Alfred Adlers: Gleichwertigkeit und Gemeinschaftsgefühl.

Unsere Kinder wachsen in der demokratischen Gesellschaft auf, in der wir leben. Gesetze und Regeln werden nicht mehr autoritär erlassen, sondern diskutiert und beraten. Autoritäre Entscheidungen werden nicht mehr unwidersprochen hingenommen – das gilt im öffentlichen wie im privaten Bereich. In einem solchen Klima des Denkens und Handelns können wir für unsere Kinder nicht mehr einfach »der Boss« sein, der diktiert, während sie mit gesenktem Kopf folgen. Wenn das auch eine verlockende Vorstellung ist – im Grunde genommen haben wir das Ziel, unsere Kinder zu selbstständigen und selbstbewussten Mitgliedern dieser demokratischen Gesellschaft zu machen. Damit gehört zu einer zeitgemäßen Erziehung das Einüben demokratischer Verhaltensweisen.

Demokratie kann aber nur unter Gleichwertigen gelebt werden. Erst wenn alle Mitglieder einer Gruppe akzeptieren, dass alle den gleichen Wert haben, kann das demokratische System funktionieren. Denn nur dann werden alle Beiträge in gleicher Weise wertgeschätzt und beachtet. Gleichwertigkeit bedeutet weder Gleichheit noch Gleichberechtigung. In einer Familie ist das ganz augenfällig: Natürlich sind Eltern und Kinder unterschiedlich, ebenso wie ältere und jüngere Geschwister. Sie sind nicht gleich und sollen auch nicht gleichberechtigt agieren. Die Eltern bestimmen die Richtung, die sie für wünschenswert halten. Innerhalb des Rahmens, den sie abstecken, haben auch die Kinder Mitbestimmungsrechte. Auf die Ebene der Geschwister heruntergebrochen bedeutet die Idee der Gleichwertigkeit: Jedes Kind hat eine Stimme im Familienrat, jedes Kind hat Rechte und Pflichten. Das ältere Kind hat davon aber ein paar mehr beziehungsweise erledigt schon schwierigere Aufgaben.

In einer Familie, in der jedes Mitglied gehört wird, Probleme offen ansprechen kann, ernst genommen wird und mitentscheiden darf, stellt sich von ganz alleine ein Gefühl von Gemeinschaft ein. Alfred Adler betrachtete dieses Zugehörigkeitsgefühl als das zentrale Bedürfnis jedes Menschen. Wenn ich das Gefühl habe: »Die anderen mögen mich, sie wollen, dass ich dabei bin, dass ich mitmache«, dann geht es mir gut. Dieses Gefühl ist die Basis meines

Selbstwertgefühls. Im Gegenschluss ist Ausgrenzung das Schlimmste, was mir passieren kann. Wenn ich mich einer Gruppe zugehörig fühle, dann möchte ich mithelfen, beitragen, kann Ideen entwickeln. Dazu bildet der Familienrat das Forum.

Wenn wir also einen Familienrat einführen, signalisieren wir unseren Kindern: Jeder ist wichtig und wir wollen die Sache gemeinsam angehen! Der Familienrat ist ein Instrument, durch das das Zugehörigkeitsgefühl stabilisiert wird.

Mit dem stetigen Üben im Familienrat setzen sich konstruktive Umgangsformen schneller durch. Destruktive Verhaltensweisen wie Stören, Schimpfen und Drohen nehmen ab. Rechte und Pflichten in der Familie werden allen bewusster.

Im Familienrat können Sie Ihren Kindern das, was Ihnen für das Familienleben wichtig ist, so vermitteln, dass die Kinder es wirklich aufnehmen und verstehen können. Dieser Punkt ist auch für den Einsatz der 1-2-3-Methode entscheidend: Nur wenn Ihre Kinder die Regeln genau kennen und verstanden haben, können Sie sie überhaupt auf einen Regelverstoß hin auszählen und auf weitere Erklärungen verzichten.

TIPP

Falls Sie in Erwägung ziehen, einen Familienrat zu gründen, finden Sie ab Seite 117 eine detaillierte Anleitung dazu.

DIE DEFINITION DES FAMILIENRATS NACH DREIKURS

Der Familienrat besteht aus einer »Gruppe von Menschen, die zusammenleben, ob sie nun miteinander verwandt sind oder nicht. Die Gruppe sollte sich planmäßig treffen und nach Regeln vorgehen, auf die man sich vorher geeinigt hat. Die Versammlung sollte ein offenes Forum sein, in dem alle Familienmitglieder sprechen können, ohne unterbrochen zu werden, und in dem sie die Freiheit haben, sich auszudrücken, wie sie wollen, ohne Furcht vor irgendwelchen Konsequenzen und ohne Rücksicht auf Alter und Stellung. Die Beratungen werden nur dann mit einer Entscheidung abgeschlossen, wenn alle anwesenden Mitglieder zustimmen, das heißt zu einem gemeinsamen Einverständnis kommen.« (Quelle: Rudolf Dreikurs u.a.: Familienrat. Klett-Cotta, Stuttgart 2003, Seite 23; ausführliche Titelangabe im Anhang dieses Buches auf Seite 123)

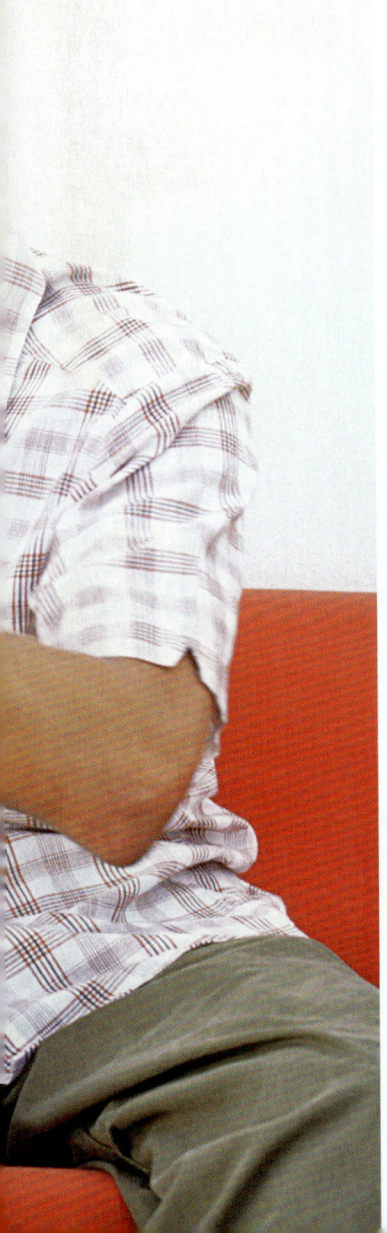

SO FUNKTIONIERT DIE 1-2-3-FORMEL

Die 1-2-3-Formel unterscheidet zwischen Stopp- und Start-Verhalten. Hier erfahren Sie, wie Sie mit den entsprechenden Verhaltensweisen Ihrer Kinder richtig umgehen können.

Bevor es losgeht: Lernen Sie zu unterscheiden!

Der Einsatz der 1-2-3-Methode beginnt damit, dass Sie üben, ganz genau hinzuschauen. Denn als Erstes müssen Sie eine Unterscheidung treffen. Sehen Sie sich dazu bitte den folgenden Satz an: »Spiel nicht mit dem Essen herum und bleib am Tisch sitzen!« Bei dieser Aufforderung handelt es sich um eine kompliziertere Sache, als es zunächst den Anschein hat. Die Mutter oder der Vater fordern nämlich in einem Atemzug zwei grundsätzlich verschiedene Aktionen vom Kind.

Stopp- oder Start-Verhalten?

Wir wollen einerseits, dass unsere Kinder bestimmte Dinge unterlassen (»Spiel nicht mit dem Essen herum ...«). Dieses Verhalten fassen wir unter dem Begriff »Stopp-Verhalten« zusammen. Andererseits wollen wir unsere Kinder dazu bewegen, bestimmte Dinge zu tun (»... und bleib am Tisch sitzen!«). Hier handelt es sich um das sogenannte »Start-Verhalten«.

Die 1-2-3-Methode basiert auf der Idee, dass unterschiedliches Verhalten auf Seiten des Kindes auch unterschiedliche Strategien auf Elternseite zur Folge haben muss, damit das Erziehungskonzept aufgeht.

Kinder beschäftigen uns mit zwei Arten von Problemverhalten. Wir unterscheiden also nach dem Ziel, das wir verfolgen. Wenn Sie Stopp- und Start-Verhalten identifizieren wollen, fragen Sie sich: Handelt es sich um etwas, das das Kind bleiben lassen soll, oder um etwas, das es tun soll? Soll es mit etwas aufhören oder soll es mit etwas anfangen?

> Zum Stopp-Verhalten gehören mithin die täglichen Ärgernisse: Die Kinder jammern und quengeln, lärmen und randalieren, trotzen und provozieren, piesacken und beschimpfen einander und so weiter. In der Theorie akzeptieren wir selbstverständlich, dass auch ein Kind mitunter schlechte Laune hat und sich zur Entwicklung seines Charakters an Eltern und Geschwistern reiben muss. In der Praxis setzen die Kämpfe und Nörgeleien nicht selten eine Konfliktspirale in Gang, die folgenreich und nur schwer auszuhalten ist.

> Kindlichem Start-Verhalten hingegen würden wir liebend gern öfter begegnen. Dazu zählen zum Beispiel die Mithilfe im Haushalt, das Kümmern ums eigens angeschaffte Haustier, Pünktlichkeit und Selbstständigkeit oder das Einhalten von Tischmanieren beim Essen.

THOMAS PHELAN: »1-2-3 MAGIC«

In der 1-2-3-Methode fasste ihr Begründer, der US-amerikanische Psychologe Dr. Thomas Phelan, jahrzehntelange Erfahrungen aus seiner Arbeit mit Kindern, Eltern und professionellen Pädagogen zusammen. Sein Ziel war es, eine für alle Eltern leicht zu erlernende, pragmatische und effektive Erziehungsmethode zu entwickeln, die auf Verständnis und Geduld basiert, aber dennoch konsequent zu Kooperation und Respekt anleitet. Phelan verbreitete seine bewährte Methode in Elternseminaren sowie in Workshops für Lehrer, Therapeuten, Psychiater und Kinderärzte (siehe auch Seite 123).

Der Aufwand macht den Unterschied

Wie unterscheiden sich Stopp- und Start-Verhalten aus der Perspektive eines Kindes? Der Unterschied liegt im Energieaufwand, den ein Kind betreiben muss. Dieser ist bei einem Start-Verhalten wesentlich höher.

Beim Stopp-Verhalten handelt es sich lediglich um eine Frage der Entscheidung, nicht der Anstrengung. Jonas kann die Haare seiner Schwester, an denen er gerade zieht, sofort loslassen. Anna und Marie können ihre Zickereien von einem Moment auf den anderen einstellen – wenn sie wollen.

Start-Verhalten erfordert dagegen erheblich mehr Antrieb. Ein Kind, das beispielsweise sein Zimmer aufräumen, die Wäsche zusammenlegen oder seine Hausaufgaben erledigen soll, braucht dazu Zeit, außerdem Durchhaltevermögen und Motivation. Es muss bereit sein, eine Aufgabe aufzunehmen, und bis zum Schluss dabeibleiben. Die Eltern ihrerseits brauchen ermutigende Strategien, um das Kind sinnvoll anzuleiten und zu begleiten.

Wenn Sie ein Kind zu einem Start-Verhalten anregen wollen, sind andere Anreize als Auszählen gefragt. Denn was passiert, wenn Sie ein Kind durch Auszählen dazu bewegen wollen, ins Bett zu gehen? Wahrscheinlich gar nichts. Beim Zubettgehen muss das

TIPP

Im Folder zu diesem Buch finden Sie eine Übung, die Ihnen helfen kann, Stopp- und Start-Verhalten eindeutig zu unterscheiden.

GU-ERFOLGSTIPP   ERSTELLEN SIE ZWEI LISTEN

Überlegen Sie, welches Verhalten Ihrer Kinder Sie besonders nervt. Dann fragen Sie sich, welches Verhalten Sie für wünschenswert oder gar unverzichtbar halten, zum Beispiel Hausschuhe anziehen oder im Haushalt mithelfen. Ordnen Sie Ihre Stichworte in zwei Rubriken: Stopp-Verhalten (Liste 1) und Start-Verhalten (Liste 2). Die Liste 2 legen Sie zur späteren Bearbeitung in eine Schublade. Sie können nicht alle Ihre Erziehungsziele auf einmal erreichen. Konzentrieren Sie sich vorerst nur auf die Störfaktoren – das Stopp-Verhalten, das sie durch Auszählen beenden wollen. Erst wenn das reibungslos funktioniert, wenden Sie sich dem zweiten, aufwendigeren Teil der 1-2-3-Methode zu: dem Start-Verhalten.

Kind ein ganzes Programm absolvieren: die Kleider ausziehen, den Schlafanzug anziehen, sich waschen, sich die Zähne putzen und so weiter. Also ein klassisches Beispiel für das Start-Verhalten.

Im Rahmen dieser Anleitung werden Sie wirkungsvolle Maßnahmen und Techniken kennenlernen, mit denen Sie die Motivation Ihres Kindes wecken und unterstützen können. Dazu kommen wir später (ab Seite 48). Vorerst beschäftigen wir uns ausschließlich mit dem Stopp-Verhalten.

BEISPIELE FÜR STOPP- UND START-VERHALTEN

> **Zum Stopp-Verhalten gehören:** meckern, motzen, schreien, randalieren, streiten, andere auslachen, bei Tisch mit dem Stuhl kippeln, mit dem Essen spielen.
> **Zum Start-Verhalten gehören:** die Schultasche packen, die Jacke an die Garderobe hängen, Zähne putzen, Hände waschen, ein Instrument üben, Besteck abtrocknen.

»Ich zähle bis drei!« – und nichts passiert

Das Auszählen nach der 1-2-3-Formel ist nicht identisch mit der wohlbekannten Formulierung: »Ich zähle jetzt bis drei!«. Bei der 1-2-3-Methode zählen Sie Ihr Kind nur dann aus, wenn es ein störendes Verhalten beenden soll. Sie verlangen keine sofortige Folgsamkeit (vorausgesetzt, dass der Regelverstoß nicht gravierend oder gefährlich ist), sondern schicken zwei Warnungen voraus, bevor Sie Maßnahmen ergreifen und einen Unterbrecher setzen. Der Hinweis »Ich zähle bis drei!« enthält dagegen oft eine moderate Drohung, die dem Kind zwar einige Sekunden zum Überlegen lässt, aber vorrangig auf Gehorsam ausgerichtet ist. Sie unterscheidet im Übrigen nicht danach, ob das Kind mit etwas aufhören oder mit etwas anfangen soll.

Nehmen wir als Beispiel die seit Generationen bekannte Drohung: »Komm sofort her und räume den Tisch ab! Ich zähle bis drei: Eins, zwei ...« Vielleicht haben Sie diese Version schon selbst benutzt oder kennen sie aus Ihrer eigenen Kindheit? Manchmal funktioniert sie, manchmal nicht. Das kommt daher, dass diese Form des Auszählens, im Gegensatz zur 1-2-3-Methode, nicht differenziert, das heißt zielgerichtet auf ein Stopp-Verhalten hin angewendet wird. Tischabräumen zählt nach der 1-2-3-Methode ganz klar zum Start-Verhalten. Hier wäre das Auszählen also vermutlich nutzlos.

Stopp-Verhalten

Stopp-Verhalten von Kindern kommentieren wir in der denkbar knappsten und kürzesten Weise: Wir zählen sie aus. Das kann genau deshalb gelingen, weil ein Kind, das meckert, motzt oder schreit, tatsächlich von einer auf die andere Sekunde umschalten kann. Es braucht nicht viel Zeit. Das Auszählen bringt einen kurzen Motivationsschub, der gerade ausreicht, ein Verhalten zu stoppen, nicht aber anregt und ermutigt. Wie sieht das in der praktischen Anwendung aus?

Vom Auszählen zur Auszeit

Wenn wir die 1-2-3-Methode einsetzen, arbeiten wir, wie der Name schon sagt, mit den Zahlen 1 bis 3 und, falls diese nicht ausreichen, um das Verhalten des Kindes zu unterbrechen, mit einer Auszeit. Das geht so:

> Zeigt Ihr Kind ein Verhalten, das Sie beenden wollen, beginnen Sie zu zählen: »Hier kommt die 1.«
> Reagiert das Kind nicht, zählen Sie weiter: »Hier ist die 2.« Für den weiteren Verlauf gibt es dann zwei Möglichkeiten:
> Ihr Kind reagiert bis zur 3 auf Ihre Intervention und hört auf.
> Ihr Kind hört mit seinem Verhalten nicht auf und Sie verhängen eine Auszeit. In der Regel muss das Kind dafür den Raum für einige Minuten verlassen.

Auszeiträume

Bei den meisten Familien findet der überwiegende Teil der elterlichen Erziehungsarbeit in den eigenen vier Wänden statt. Als Auszeitort bietet sich in den allermeisten Fällen das Kinderzimmer an. Wir verhängen eine Auszeit, um eine Grenze zu setzen: Das Kind muss seine derzeitige Tätigkeit unterbrechen. Außerdem soll es einige Minuten Zeit haben, darüber nachzudenken, was gerade passiert ist. Es schadet aber nicht, wenn es dabei Bauklötze stapelt oder malt. Computer, Fernseher oder Telefon sollten dem Kind während der Auszeit allerdings nicht zur Verfügung stehen.

WIE LANGE DAUERT DIE AUSZEIT?

Für die Dauer der Auszeit gibt es eine Faustregel: Rechnen Sie pro Lebensjahr des Kindes eine Minute. Sie können dabei ruhig ein bisschen auf- oder abrunden. Eine Auszeit von fünf Minuten ist auch für ein vier- oder sechsjähriges Kind angemessen.

WICHTIG: DIE AUSZEIT BEENDEN

Sagen Sie einem Kind, das eine Auszeit ableistet, Bescheid, wenn die Zeit um ist. Es muss nicht zurückkommen, wenn es nicht will, sollte aber wissen, dass es das darf. Lassen Sie sich nicht dazu verleiten, das Kind einfach im Auszeitzimmer zu lassen, weil es sich dort gerade angenehm still beschäftigt. Die Auszeit sollte gegenüber dem Kinderalltag klar abgegrenzt sein. Sie ist ein Element der Methode und sollte für das Kind auch als solches erkennbar sein.

Andere Kinder (etwa Geschwister) sollten in der Regel ebenfalls nicht im Raum sein. Viele Kinder haben ein eigenes Zimmer. Dann ist das kein Problem. Nehmen wir aber an, Sie haben zwei Kinder und für beide ein gemeinsames Kinderzimmer. In diesem Fall müssen Sie beim Auszeitort etwas erfinderisch sein. Ihre Kinder haben außerdem ein Spielzimmer? Gut, dann haben Sie die Möglichkeit, die Geschwister während einer Auszeit zu trennen. Sie können auch einen Flur mit Sitzgelegenheit oder eine Treppe zum Auszeitort erklären. Geben Sie dazu eine klare Anweisung: »Peter, hier ist die 3 – fünf Minuten Auszeit. Setz dich bitte auf die Treppe. Ich sage dir, wenn die fünf Minuten vorbei sind.«

Ist das Verhalten Ihres Kindes nur innerhalb des Hauses nicht akzeptabel, machen Sie aus der »Auszeit« eine »Draußenzeit« und schicken Sie es in den Hof oder auf den Spielplatz. Auch wenn Sie mit Ihrem Kind unterwegs sind, können Sie aktuell verfügbare Auszeitorte bestimmen. Lesen Sie dazu Vorschläge unter A wie Autofahrten und E wie Einkaufen.

Und wenn das Kind sich sträubt?

Was machen Sie nun, wenn Ihr Kind sich weigert, den von Ihnen genannten Auszeitort, ob zu Hause oder anderswo, aufzusuchen? Bei einem kleinen Kind ist die Antwort einfach: Sie nehmen es auf den Arm und tragen es zum Auszeitort. Ein etwas weniger widerwilliges Kind können Sie unter sanftem Druck in die Auszeit begleiten; das funktioniert auch bei Schulkindern.

Allerdings werden Kinder, die am Ende ihrer Grundschulzeit (und am Beginn ihrer Pubertät) stehen, Ihre Aufforderung, eine Auszeit anzutreten, vielleicht auch mal gänzlich ignorieren. Wenn das geschieht, können Sie folgendermaßen reagieren: »Ich sehe, du willst nicht gehen. Also gut, du kannst wählen: Entweder du nimmst die zehn Minuten Auszeit jetzt oder du beendest deine Fernsehzeit heute eine Viertelstunde früher als sonst. Du entscheidest.« Durch Wahlmöglichkeiten können Sie einem drohenden Machtkampf vorbeugen.

Zwei Beispiele zum Auszählen

Stellen wir uns folgende Situation vor: Ihre dreieinhalbjährige Tochter Lara will nicht einsehen, dass die Sandkastenspiele für heute ein Ende haben, weil es Abendessen gibt. Sie behauptet, keinen Hunger zu haben, und sagt: »Ich will wieder in den Garten!« Sie lehnen das ab. Da legt Lara einen Wutanfall hin, der sich gewaschen hat. Sie trampelt mit den Füßen und brüllt: »Ich will aber raus! Blödes Abendessen!« Sie halten einen Finger hoch und sagen: »Hier ist die 1.« Lara tobt und wirft sich auf den Boden. Sie warten stumm fünf Sekunden. Lara schreit. Dann halten Sie zwei Finger hoch und sagen: »Hier ist die 2.« Lara wütet noch immer. Sie warten weitere fünf Sekunden, halten drei Finger hoch und sagen: »Hier ist die 3, Lara – drei Minuten Auszeit!«

Sie haben Ihrer Tochter zwei Chancen gegeben, den Wutanfall zu unterbrechen. Das hat sie nicht getan. Was zur Folge hat, dass sie drei Minuten in ihrem Zimmer »abkühlen« muss. Sollte sie nicht gehen und es erscheint Ihnen nicht geraten, sie selbst in ihr Zimmer zu befördern, verlassen Sie den Raum.

Machen Sie daraus keine Machtfrage: »Wieso soll ich jetzt meine Küche verlassen?!« Ihr Ziel ist die Auszeit des Kindes, das verfolgen Sie. Ein Wutanfall braucht Publikum. Wenn dieses verschwindet, verliert die Sache ihren Reiz. Nachdem Lara sich während ihrer Auszeit beruhigt hat, schenken Sie dem Vorfall keine weitere Beachtung mehr. Rechnen Sie einfach damit, dass Ihre Tochter ihre Lektion gelernt hat, und gehen Sie entspannt zur Tagesordnung über.

Wenn es ganz dick kommt ...

Wie setzen Sie die Methode ein, wenn Sie es für notwendig halten, dass Ihr Kind augenblicklich aufhört – wenn es beispielsweise

---

TIPP: Verwüstungen im Auszeitzimmer

Lässt ein wütendes Kind seine Aggressionen an den Kinderzimmermöbeln aus, bleiben Sie ruhig. Brechen Sie die Auszeit nicht ab, solange die Situation nicht gefährlich für Ihr Kind wird. Später können Sie gemeinsam aufräumen. Verkneifen Sie sich Vorwürfe. Ihr Kind wird bald gelernt haben, dass es Sie auf diese Weise nicht provozieren kann.

Keep cool – bloß nicht aufregen beim Auszählen!

nach Ihnen schlägt oder Sie eine »dumme Kuh« nennt? Dann fangen Sie nicht bei 1 an zu zählen, sondern bei 3. Damit machen Sie unmissverständlich klar, dass das Kind sein Verhalten mit sofortiger Wirkung einstellen soll.

Bewahren Sie Ruhe

Doch vielleicht geht es Ihnen ja so, dass Ihnen allzu schnell eine Flut von Worten über die Lippen kommt. Achten Sie genau auf Ihr Verhalten. Die 1-2-3-Methode funktioniert nicht, wenn Sie sie nicht anstatt, sondern zusätzlich zu einer Strafpredigt anwenden. Durch wütende Seitenhiebe (»Jeden Tag derselbe Mist!« oder »Das hast du dir ganz allein zuzuschreiben!« oder »Nie bist du mal zufrieden!« oder einfach »Verdammt nochmal!«) geht der Effekt der Methode verloren. Ihre Ruhe und Souveränität sind ausschlaggebend. Sobald Sie sich aus der Fassung bringen lassen, nützt auch das Auszählen nichts. Die Rechnung mit 1, 2 und 3 wird in Kombination mit einer Standpauke nicht aufgehen. Erstens werden Ihre Warnungen ungehört verpuffen. Die Aufforderung an Ihr Kind, sein Verhalten einzustellen, verliert an Eindeu-

---

KNAPP UND SACHLICH FORMULIERT

Führen Sie sich vor Augen: Wichtig ist nicht, was Sie sagen, sondern wie Sie es sagen! Sie könnten auch einfach die Wörter »Hund« oder »Maus« verwenden, allerdings entstehen durch solche Wörter Bilder im Kopf des Kindes, die es ablenken können. Dagegen sind Zahlen inhaltlich nahezu neutral und emotional unbelastet. Sie transportieren ausschließlich Ihre sachliche Forderung an das Kind. Indem die inhaltliche Botschaft auf ein Minimum reduziert wird, gewinnt der Ton, in dem Sie sich an das Kind wenden, an Bedeutung. Es kann schon beim ersten Wort unzweifelhaft hören, wie ernst Sie es meinen.

---

tigkeit. Das Kind wird die Signale, die ihm helfen sollen innezuhalten, zwischen den Ausrufezeichen Ihres Ärgers nicht wahrnehmen können.

Zweitens haben Kinder trotzdem sehr feine Antennen für die Botschaft, die hinter den Sätzen steht. Sie lautet in diesem Fall: »Vor lauter Wut kann ich nicht mehr klar denken.« Ein derart hilfloser Erzieher wird in pädagogischer Hinsicht gar nichts erreichen – allenfalls Schaden anrichten, weil er es in seiner Rage nicht mehr schafft, sich zu kontrollieren, und womöglich sogar handgreiflich wird.

EXTRA-MINUTEN FÜR EXTRA-FEHLVERHALTEN

Wenn Sie Ihrem Kind deutlich machen wollen, dass es die Grenze bei weitem überschritten hat, ohne ihm einen Vortrag zu halten, verhängen Sie eine längere Auszeit und begründen Sie in wenigen Worten, weswegen Ihr Kind Extra-Minuten bekommt: »Ronny, hier ist die 3: Drei Minuten Auszeit und nochmals drei, weil du mit den Bauklötzchen nach mir geworfen hast!«

Wenn Ihr Kind sich also danebenbenimmt, atmen Sie einmal tief durch und lassen Sie Ihre spontane Gefühlsaufwallung abklingen, bevor Sie die 1 abschicken. Vergeben Sie, falls nötig, die 2 und dann die 3. Zwischen den Signalen zählen Sie innerlich bis fünf oder sehen auf die Uhr (beides beruhigt).

Warten Sie jedes Mal ruhig ab, nachdem Sie ein Stopp-Signal gesetzt haben. Damit geben Sie Ihrem Kind die Gelegenheit zu reagieren. Es ist nun am Zug und hat es in der Hand, den Ablauf der Situation zu ändern.

Auch der Klang Ihrer Stimme kann entscheidend sein. Natürlich macht das die Sache nicht gerade einfacher, aber Sie sollten sich Mühe geben, ruhig und gelassen auszuzählen. Wenn Ihrem Kind die Zahlen nur so um die Ohren fliegen, wird es die Kampfansage heraushören. Es kommt auf Ihre Haltung an.

Ich muss es leider zugeben: Mein erster Versuch beim Einsatz der 1-2-3-Methode ist gescheitert. Ich habe mich zwar daran gehalten, nur die empfohlenen kurzen Sätze zu sagen, aber die Kinder haben meine Wut deutlich herausgehört. Ich war nicht souverän und habe mich auch nicht so angehört. Vor dem zweiten (geglückten) Start sagte meine jüngste Tochter: »Du hast die Zahlen geschimpft.« – Ich hatte nicht daran gedacht, meine Gefühle im Zaum zu halten (Seite 16). Typischer Anfängerfehler!

Wie Sie es schaffen, liebevoll und gelassen zu bleiben

Die folgenden Seiten sollen Sie ermutigen, einmal ausschließlich an sich selbst zu denken. Es geht nicht darum, wie Ihre Kinder die Dinge auffassen oder wie Sie ihnen bestimmte Verhaltensweisen beibringen können. Hier geht es allein um Sie!

TIPP
Unangenehme Vorfälle passieren im Erziehungsalltag immer wieder. Gewiss können Sie sie kaum ignorieren. Sie müssen sie aber auch nicht wichtiger nehmen als alles andere!

Frustrationen, Wut und Enttäuschung (über unsere Kinder, aber auch über uns selbst) beschäftigen uns täglich. Wir sind entsetzt darüber, dass unser Dreijähriger die Kleinen in der Krabbelgruppe tyrannisiert, dass unsere Zehnjährige uns anschwindelt, ohne mit der Wimper zu zucken, und dass wir schon wieder hemmungslos herumgeschrien haben, statt cool und sachlich zu bleiben. Und das soll der Erfolg unserer Erziehungsbemühungen sein?

Das kann Sie belasten

Es gibt typische Einstellungen, die verhindern, dass Eltern zu Ruhe und Gelassenheit finden. Das sind vor allem diese:

Wir wollen perfekte Eltern sein

Wir setzen uns hohe Ziele – und dann verzweifeln wir daran. Wir fühlen uns als Versager und haben ein schlechtes Gewissen angesichts der Diskrepanz zwischen dem, wie wir sind, und dem Ideal, das wir uns ausgemalt haben. Das macht uns unzufrieden und nervös. Das Problem liegt in der Angst, Fehler zu machen.

Wir wollen perfekte Kinder haben

Unsere Kinder sollen sich problemlos entwickeln, frühzeitig sprechen und laufen lernen, wissensdurstig, kreativ und geschickt sein, Ballett tanzen, Fußball und Flöte spielen, gute Zeugnisse nach

Hause bringen, selbstbewusst auftreten, dabei freundlich bleiben, viele Freunde haben und sich gerne still beschäftigen. Wir fahren sie von der Reitstunde zum Musikworkshop und melden sie zum Englischkurs im Kindergarten an. (Zu) hohe Erwartungen ziehen Stress und Spannungen fast zwangsläufig nach sich.

Wir nehmen unsere Elternaufgabe zu ernst

Wir fühlen uns als Vollzeiterzieher. Wenn wir nicht aktiv im Dienst sind, unsere Kinder nicht gerade versorgen, belehren, herumfahren, wecken oder ins Bett bringen, brüten wir Erziehungsfragen oder diskutieren sie mit anderen Eltern. Unsere Kinder sind die Dauerbaustelle, an der wir pausenlos arbeiten.

Das kann Sie ermutigen

Etwas mehr Leichtigkeit könnte in der Tat vielen Eltern nicht schaden. Ich möchte Ihnen ein paar Ideen und Übungen vorstellen, mit deren Hilfe Sie den drei Stolperfallen entgehen und sich entscheidend besser fühlen können.

»Ich bin eine gute Mutter!«

Viele Eltern verderben sich die Abende, indem sie sich mit dem beschäftigen, was am Tag pädagogisch schief gelaufen ist. Schluss damit! Es ist passiert. Sie können es nicht mehr ändern. Legen Sie sich ins Bett und sagen Sie sich: »Ich bin in eine gute Mutter!«/ »Ich bin ein guter Vater!« ... und träumen Sie etwas Schönes!

Erkennen Sie Ihre Fortschritte an

Kindererziehung, auch die Umsetzung einer neuen Erziehungsmethode, ist eine anspruchsvolle Aufgabe. Sie haben sich heute schneller beruhigt als gestern, als Sie vor Wut über Ihre Kinder ausgerastet sind? Immerhin! Nehmen Sie Ihre Fortschritte wahr, auch wenn es noch Steigerungsmöglichkeiten gibt.

TIPP

Beginnen Sie Ihr Ermutigungstraining mit einer Vorübung. Überlegen Sie sich je fünf Antworten auf folgende Fragen:

> Was finde ich gut an mir als Person?

> Was finde ich gut an mir als Erzieher?

Notieren Sie Ihre Antworten auf ein Blatt und legen Sie es in Ihren Nachttisch.

Planen Sie Erholungspausen ein

Gönnen Sie sich Pausen vom anstrengenden Erziehungsgeschäft. Führen Sie einen detaillierten Kalender oder eine To-do-Liste, in die Sie Pausenzeiten ebenso eintragen wie Erledigungen. Und halten Sie sich daran. Buchen Sie einen Babysitter, auch wenn Sie nichts vorhaben, Sie nicht eingeladen sind oder arbeiten müssen. Hängen Sie einfach ein bisschen ab, während der Babysitter mit den Kleinen zum Spielplatz zieht. Setzen Sie sich für eine Stunde ins Café und lesen Sie die Zeitung. Sie haben es sich verdient!

TIPP

Lesen Sie auch das Kapitel über Lob und Ermutigung (Seite 48). Beziehen Sie es jedoch nicht auf den Umgang mit Ihren Kindern, sondern auf sich selbst.

Schaffen Sie eine kinderfreie Zone

Wenn Sie sich abends mit Freunden verabreden, erklären Sie ab und zu die Wörter »Kinder« und »Erziehung« zu verbotenen Begriffen. Reden Sie stattdessen über Dinge, die Sie interessiert und beschäftigt haben, als Sie noch kinderlos waren.

Nehmen Sie Dinge mit Humor

Versuchen Sie, ein bisschen humorvolle Distanz zu schaffen, wenn gar nichts klappt. Wie würde sich die Situation, in der Sie gerade feststecken, in einer amerikanischen Sitcom abspielen? Wie würde Bill Cosby an Ihrer Stelle reagieren?

Unternehmen Sie gemeinsam etwas Schönes

Erziehung muss nicht immer Schwerstarbeit sein. Überlegen Sie, was Sie gern zusammen mit Ihrem Kind tun würden. Einen Waldspaziergang machen? Ins Kindertheater gehen? Was würde Ihnen gefallen? Wenn Sie mehrere Kinder haben, sind gemeinsame Unternehmungen oft mit größerem Aufwand verbunden und daher konfliktreicher. Machen Sie es sich selbst leichter, indem Sie Ausflüge mit nur einem Kind planen. Eine zeitweilige Eins-zu-Eins-Beziehung ist sozial unkompliziert. Umso höher ist der Spaßfaktor für die Beteiligten. Die Kinder kommen einfach nacheinander an die Reihe. Wenn bestimmte Beschäftigungen, die von »guten Eltern« selbstverständlich erwartet werden, wie gemeinsame Brettspiele oder weihnachtliches Plätzchenbacken, einfach überhaupt nicht Ihr Ding sind – lassen Sie's! Vielleicht findet sich ein anderer Erwachsener, der Lust dazu hat. Wenn nicht, werden Ihre Kinder auch ohne diese Erfahrungen keine freudlose Kindheit erleiden.

Üben Sie mit dem »leeren Stuhl«

Wenn alle Entspannungsmethoden nicht helfen, weil Sie dauernd nichts als Schwierigkeiten mit Ihrem Kind sehen, versuchen Sie die »Übung mit dem leeren Stuhl«. Sie sollten dabei allein im Zimmer sein, auf einem Stuhl sitzen und einen zweiten leeren Stuhl vor sich haben. Stellen Sie sich Ihr »Problemkind« auf diesem Stuhl vor. Sprechen Sie laut zu Ihrem imaginären Sohn oder Ihrer Tochter und beantworten Sie dabei diese Fragen:

»Warum bin ich froh, dass es dich gibt?«

»Wofür liebe ich dich?«

»Was schätze ich an dir?«

»Was macht dich einzigartig?«

Durch diese Übung können sehr berührende Momente auf Sie zukommen. Sie rücken damit das verschobene Bild wieder gerade, das Sie aktuell von Ihrem Kind haben. Haben Sie zuvor vordringlich Negatives und Belastendes wahrgenommen, können Sie danach auch wieder das Kind sehen, das Sie glücklich macht, einfach weil es da ist.

»Alles wird gut!«

Üben Sie den optimistischen Blick in die Zukunft. Mit einer Portion Zuversicht knacken Sie die verbissene »I want it all! I want it now!«-Haltung. Indem Sie sich auf kleine Fortschritte konzentrieren, können Sie lernen, mehr Geduld aufzubringen. Mit Ihren Kindern und mit sich selbst.

TIPP

Auch die Beschäftigung mit einer neuen Erziehungsmethode kann Ihren Optimismus fördern. Klar, es gibt Probleme – aber auch Lösungen, die Sie strategisch angehen können!

1-2-3 – es geht los!

TIPP

Halten Sie die Erklärungen für die Kinder kurz. Starten Sie keine Diskussion. Sprechen Sie die wichtigsten Punkte an, ohne sie jedoch ausführlich zu erläutern. Für die Kinder sollte im Wesentlichen gelten: »Learning by doing«.

Sie fragen sich, ob und wie Sie Ihren Kindern vorab erklären sollen, worauf sie sich einstellen müssen? Nutzen Sie eine Gelegenheit, bei der die ganze Familie am Tisch sitzt, und geben Sie Ihren Sprösslingen einige kurze Hinweise auf Ihr zukünftiges Vorgehen. Dieses Gespräch kann entfallen, wenn die Kinder erst drei Jahre alt oder jünger sind (Seite 14).

Wie Sie Ihren Kindern die Methode erklären können

Auch bei Kindern ab vier Jahren sollten Sie sich kurz fassen und auf die wesentlichen Aussagen beschränken:

> Sie machen Ihre Kinder zunächst auf die Verhaltensweisen aufmerksam, über die Sie sich ärgern. Führen Sie an dieser Stelle die Beispiele zum Stopp-Verhalten Ihrer Kinder an, die in jüngster Zeit vornehmlich Streitthemen waren.

> Sie sagen, dass Sie ab jetzt nicht mehr schimpfen, sondern den Kindern ein Zeichen geben, dass sie aufhören sollen, indem Sie anfangen zu zählen. »Hier ist die 1.« Wenn die Kinder nicht aufhören, zählen Sie weiter bis 2, schließlich bis 3.

> Sie erklären, dass Stufe 3 eine Auszeit bedeutet, meistens im Kinderzimmer. Die Dauer richtet sich nach dem Alter des Kin-

---

TIPP: Der Umgang mit unterschiedlichen Erziehungsstilen

Eine Einigung mit den Großeltern über Erziehungsstile und -methoden ist nur dann wichtig, wenn Oma und Opa tatsächlich regelmäßig miterziehen. Finden lediglich Besuchskontakte statt, haben Sie zwei Möglichkeiten: Entweder Sie akzeptieren gelassen, dass Oma ihre Enkel verwöhnt oder Opa strengere Maßstäbe anlegt als Sie. Oder Sie führen vor einem Besuch ein Gespräch unter Erwachsenen, bei dem Sie die Akzeptanz der Großeltern gegenüber bestimmten Erziehungsfragen einfordern, etwa: »Unsere Kinder müssen nicht alles essen, was auf den Tisch kommt. Sie haben ein Wahlrecht.« Oder: »Fernsehen ist erst ab drei Uhr nachmittags erlaubt.«

---

des. Fünf Jahre bedeutet zum Beispiel fünf Minuten Auszeit.

Weitere Details zur Anwendung der 1-2-3-Formel werden die Kinder mit der Zeit aus der Praxis erfahren.

Oma, Opa, Tagesmutter ...

Möglicherweise betreuen Sie Ihre Kinder nicht allein, sondern teilen sich die häusliche Erziehungsarbeit mit Großeltern, einer Tagesmutter, einem Babysitter, der die Kinder regelmäßig beaufsichtigt. Nachdem Sie sich entschlossen haben, die 1-2-3-Methode einzuführen, fragen Sie sich vielleicht: Müssen etwa jetzt alle, die meine Kinder (mit)erziehen, einen Kurs belegen?

Unbedingt klären: Bei Omi können andere Regeln als zu Hause gelten.

Natürlich nicht! Selbst kleine Kinder können gut mit unterschiedlichen Verhaltensweisen von Erwachsenen umgehen. Dennoch wäre es von Vorteil, wenn alle wichtigen Betreuungspersonen die 1-2-3-Methode zumindest kennen, besser noch nutzen würden. Die Kinder müssten sich nicht umstellen und Erfolge würden sich rascher einstellen.

Nehmen Sie sich also Zeit, den Miterziehern Ihrer Kinder, etwa Ihren Eltern, vom 1-2-3-Konzept zu erzählen. Überreden Sie sie nicht. Versichern Sie ihnen, dass Sie es akzeptieren, wenn die Großeltern keine Lust haben, sich in ihrem Alter mit neuen Methoden zu beschäftigen, dass Sie ihnen in jedem Fall für ihre Unterstützung dankbar sind.

Störmanöver und Sabotageakte – auf diese Reaktionen sollten Sie gefasst sein

Wie werden die Kinder reagieren, wenn Sie die 1-2-3-Methode einführen und konsequent anwenden? Ganz einfach: Entweder sie erfüllen die Forderung, weil sie merken, dass ihre Eltern es ernst meinen. Wunderbar! Oder sie weigern sich und gehen in die Offensive.

Im zweiten Fall antwortet das Kind mit trotzigem Widerstand und versucht mit unterschiedlichen Mitteln und Strategien, seinen Willen doch noch durchzusetzen.

Sollte Ihr Kind sich zur Wehr setzen, verzweifeln Sie bloß nicht! Sie haben es weder falsch angestellt, noch haben Sie ein »böses« Kind. Möglicherweise zeichnet sich Ihr Kind durch einen besonders kämpferischen Charakter aus. Versuchen Sie es mit einer positiven Sichtweise und sagen Sie sich: »Es wird in seinem Leben noch weit kommen und sich nicht unterkriegen lassen!« Vielleicht ist Ihre Beziehung auch gerade in eine Sackgasse geraten und wird von einem schwelenden Machtkampf beherrscht? Sagen Sie sich: »Höchste Zeit gewesen, die Sache wieder in den Griff zu kriegen!«

Schlitzohr-Strategien

Wenn ein Kind entschlossen ist, seinen Willen durchzusetzen, wird es aller Erfahrung nach auf verschiedene Praktiken zurückgreifen. Wenn Sie damit zu tun bekommen, vergegenwärtigen Sie sich, dass diese Verhaltensweisen mit Schlitzohr-Kalkül eingesetzt werden!

Quengeln

Ein Kind, dessen Wunsch nicht erfüllt wurde, beginnt systematisch zu quengeln. Es bohrt unaufhörlich nach: »Warum nicht, Mama?« und benutzt penetrante Wiederholungen: »Doch, doch, doch, doch ...!«

Verunsichern

Das Kind geht in die Offensive über. Es setzt einschüchternde körpersprachliche Mittel ein (trampeln, schreien, mit Gegenständen um sich werfen) oder greift den Erwachsenen verbal an: »Du bist so was von unfair!«

Erpressen

Kinder, die ihren Willen nicht bekommen, versuchen es manchmal mit erpresserischen Drohungen wie »Ich ziehe aus!« oder »Dann esse ich nie wieder etwas!«. Die Drohung, die jeweils dahinter steht, lautet: »Wenn du mir nicht sofort gibst, was ich will, wirst du es noch bereuen!«

Mitleid erregen

Das Kind weist – manchmal dramatisch – darauf hin, dass sein Leben jammervoll und beklagenswert sei: »Die anderen dürfen immer alles, ich darf nie etwas!« Ein Kind, das Ihr Mitleid erregen will, sieht sehr, sehr traurig aus. Dicke Tränen kullern. Die Strategie der Krokodilstränen trifft viele Erwachsene hart. Ein bedauernswertes Kind löst bei ihnen den Trostreflex aus. Es fällt ihnen damit schwerer, das Schauspiel als solches zu entlarven. Das raffinierte Manöver fliegt allerdings schnell auf, wenn das Kind bekommt, was es will, und von einer auf die andere Sekunde wieder fröhlich ist.

Szenarien des Widerstands

Diese Taktiken lassen sich übrigens auch prima miteinander kombinieren. Wichtig: Wenn Ihnen klar wird, dass Ihr Kind gerade mit einer Schlitzohr-Strategie versucht, seinen Willen durch-

TIPP

Unsere Kinder kennen uns ebenso gut wie wir sie. Sie wissen, wo Mama impulsiv reagiert oder Papa empfindlich wird. Achten Sie selbst darauf. Wenn Sie wissen, wann Ihnen am ehesten der Geduldsfaden reißt, sind Sie auf die kleinen Tricks Ihrer Kinder besser vorbereitet.

KALKULIERTE STÖRMANÖVER

Erwachsene, die unter Druck stehen, lassen sich durch die beschriebenen Taktiken besonders leicht in die Enge treiben und zum Nachgeben verleiten. Kinder haben ein sehr feines Gespür dafür, dass Erwachsene in bestimmten Situationen, wie etwa beim Telefonieren, abgelenkt sind, möglicherweise auch schneller genervt und deshalb eher geneigt, einem Wunsch stattzugeben. Zeigen Sie Ihren Kindern klar, dass ihre Störungen nicht zum Ziel führen. So können Sie mittelfristig wieder in Ruhe telefonieren oder am Rechner arbeiten.

zusetzen, stufen Sie die Lage als heikel ein. Je nachdem, wie Sie auf die Provokationen Ihres Kindes reagieren, entscheidet sich, wer die Lage souverän im Griff hat: Sie oder das Kind.

Bevor Sie unbedacht in eine Diskussion einsteigen und auf die Taktiken eingehen, stellen Sie sich selbst die Frage: Ist jetzt die Zeit zu reden – oder aber die Zeit, konsequent und schweigend zu handeln?

»Darf ich bitte Star Wars gucken?«

Wenn Steffen (sieben Jahre) Ihnen die Erlaubnis abringen will, am Abend einen Film ansehen zu dürfen, obwohl am nächsten Tag Schule ist, könnte er so vorgehen:

»Darf ich bitte heute Abend Star Wars gucken?«

»Steffen, der Film fängt erst um viertel nach acht an. Dann liegst du schon im Bett!«

»Ach bitte, nur ausnahmsweise!« (Quengeln)

»Du kennst die Regel. Acht Uhr ist Bettzeit!«

»Aber alle aus der Klasse dürfen den Film gucken. Nur ich darf nie was ...« (Mitleid erregen)

»Das glaube ich kaum. Alle dürfen bestimmt nicht so lange aufbleiben.«

»Doch, das kannst du mir glauben. Und die reden dann morgen in der Pause über den Film. Bloß ich stehe mal wieder daneben und kann nichts sagen – wie ein Baby. Bitte, Mama!« (Mitleid erregen plus Quengeln)

An dieser Stelle sind Sie entweder versucht, vor schlechtem Gewissen und Mitgefühl dahinzuschmelzen, oder Ihnen reißt der Geduldsfaden. Etwa so:

»Steffen, ich habe echt keine Lust mehr, immer wieder diese nervenden Diskussionen zu führen, verdammt noch mal! Wir haben nun einmal acht Uhr als Bettzeit festgelegt und wir meinen, was wir sagen. Wir richten unser Leben weder nach den anderen in deiner Klasse noch nach dem bescheuerten Fernsehprogramm. Schluss, aus, Ende!«

Möglicherweise legt dann auch Steffen einen Gang zu: »Immer geht es nur nach deinen blöden Vorschriften! Du bist so gemein!

> **TIPP**
> Streichen Sie das Wort »immer« für eine Weile aus Ihrem Wortschatz. Sätze mit »immer« unterstreichen häufig den Vorwurf in einer Bemerkung.

GU-ERFOLGSTIPP VERTRAUEN SIE AUF IHR GEFÜHL

Unterscheiden Sie nach Ihrem Gefühl, ob Ihr Kind tatsächlich leidet oder Sie durch das Theater zu manipulieren versucht, ob es so inständig bittet, weil es ein echtes Bedürfnis hat, oder ob es bloß quengelt. Sie haben eine enge Verbindung zu ihm, Ihr spontanes Gefühl ist daher ein guter Indikator.

Empfinden Sie Mitgefühl oder fühlen Sie sich von Ihrem Nachwuchs provoziert und ausgenutzt? Interessieren Sie sich für die Wünsche Ihres Kindes oder sind Sie genervt und irritiert? Wenn Sie auf das Verhalten Ihres Kindes spontan genervt oder wütend reagieren, liegt die Vermutung nahe, dass es gar nicht um das vordergründige Thema geht (beispielsweise die Erlaubnis zum Pfützenspringen bei Regenwetter), sondern dass das Kind gerade versucht, Ihre Aufmerksamkeit zu gewinnen oder in einem Machtkampf seinen Willen gegen Ihren durchzusetzen.

Ich weiß sowieso, dass du mich nicht lieb hast!« (Mitleid erregen plus Verunsichern)

Was ist hier passiert? Sie sind auf Steffens Schlitzohr-Strategien eingegangen und haben mit ihm diskutiert, statt den Versuch zurückzuweisen. Erinnern Sie sich? Sobald Sie bei unpassender Gelegenheit anfangen zu reden, haben Sie verloren. Die Diskussion mündet in einen Streit, in dem mit unfairen Mitteln und harten Bandagen gekämpft wird. Keiner der Beteiligten wird sich hinterher gut fühlen. Halten Sie die Empfehlung »Nicht reden – keine Gefühle« (Seite 16) ein. Das funktioniert aber nur, wenn Sie Steffens Anwürfe inhaltlich gar nicht beantworten.

So reagieren Sie mit der 1-2-3-Formel

Wie können Sie nun mit einem Kind umgehen, das quengelt oder droht? Ganz einfach: Provozierende und manipulative Verhaltensweisen sind solche, mit denen Ihr Kind aufhören soll. Sie behandeln diese Taktiken wie jedes andere Stopp-Verhalten und zählen es aus. Wenn Sie merken, Ihr Kind versucht, Sie in die Enge zu treiben, fangen Sie ruhig und konsequent an zu zählen. Die Kinder werden bald erkennen, dass ihre Störmanöver wirkungslos geworden sind.

»Darf ich bitte heute Abend Star Wars gucken?«

»Steffen, der Film fängt um viertel nach acht erst an. Dann liegst du schon im Bett!«

»Ach bitte, nur ausnahmsweise!« (Quengeln)

»Hier ist die 1.«

»Aber alle aus der Klasse dürfen den Film gucken. Nur ich darf nie was ...« (Mitleid erregen)

»Hier ist die 2.«

»Doch, das kannst du mir glauben. Und die reden dann morgen in der Pause über den Film ... Bloß ich stehe mal wieder daneben und kann nichts sagen – wie ein Baby. Bitte, Mama! « (Quengeln plus Mitleid erregen)

»Hier ist die 3 – fünf Minuten Auszeit.« Möglicherweise ist das Gespräch auch schon vorher zu Ende, wenn Steffen erkannt hat, dass Sie sich nicht in die Enge treiben lassen.

Lassen Sie sich nicht entmutigen

Bitte erwarten Sie nicht, dass sich Ihre Kinder problem- und kommentarlos auf die neue Erziehungsmethode einstellen. Gehen Sie vielmehr davon aus, dass sie sich anfangs – mehr oder weniger hartnäckig – widersetzen werden. Sie haben die Mittel, darauf zu reagieren. Zählen Sie sie gleichmütig und konsequent aus. Machen Sie besonders in der ersten Zeit keine Ausnahmen. Umso schneller werden die Kinder begreifen, dass es nutzlos ist, ihre Eltern in Machtkämpfe verwickeln zu wollen. Sie werden sehen: Dramatische und verletzende Auftritte werden innerhalb von kurzer Zeit seltener werden, denn Rachefeldzügen wird dadurch der Boden entzogen. Das Verhältnis zwischen Ihnen und Ihren Kindern wird sich dadurch bald deutlich verbessern.

Einige Eltern berichten, dass ihre Kinder sich zunächst in ihrer Verblüffung kooperativ verhalten und erst später opponiert haben. Auch

---

TIPP: Übung macht den Meister

Im günstigsten Fall werden Sie zu Beginn einen Überraschungserfolg verbuchen können: Die Kinder, etwas überrumpelt durch das veränderte Verhalten ihrer Eltern, reagieren sofort und ganz im Sinne der Methode. Rückfälle und Schwierigkeiten werden trotzdem nicht ausbleiben, bevor die 1-2-3-Formel den Kindern durch häufiges Wiederholen vertraut geworden ist. Erwarten Sie nicht, dass es nach der ersten Erklärung klappt! Zeigen Sie Ihren Kindern, wie es geht, und üben Sie mit ihnen!

in diesem Fall sollten Sie Ihre Vorgehensweise nicht ändern, sondern konsequent beibehalten. Dann werden auch diese Schwierigkeiten bald vorübergehen.

Ein wichtiger Schritt: vom Stoppen zum Motivieren

Sie kennen nun den ersten Teil der 1-2-3-Methode, der sich mit dem Auszählen störenden Verhaltens befasst. Damit fangen Sie an. Denn wenn Sie neue pädagogische Maßnahmen einsetzen, sollten Sie nicht zu viele Baustellen eröffnen. Konzentrieren Sie sich zunächst ausschließlich darauf, auf das Stopp-Verhalten Ihrer Kinder zu reagieren (und dieses vom Start-Verhalten zu unterscheiden). Es gibt sicher noch vieles, was Sie gerne ändern würden. Sie werden aber souveräner und erfolgreicher erziehen, wenn Sie sich nicht verzetteln.

Arbeiten Sie zwei Wochen lang daran, Ihre Kinder auszuzählen. Machen Sie Erfahrungen mit den Reaktionen der Kinder. Nehmen Sie sich Zeit und bemühen Sie sich, ruhig und gelassen zu bleiben, im Akutfall – abgesehen von den Abzählstufen – nicht zu reden. Damit haben Sie schon eine Menge zu tun.

Wenn Sie nach etwa 14 Tagen Sicherheit gewonnen und Ihre Kinder sich an die Methode gewöhnt haben, können Sie zur zweiten Stufe der Methode übergehen. Sie beschäftigen sich mit dem Start-Verhalten und üben Strategien ein, Ihre Kinder zu motivieren und positives Verhalten zu verstärken.

Diese zweite Phase ist anspruchsvoller als die erste. Zum einen kombinieren Sie nun weitere Methodenbausteine mit dem Auszählen. Zum anderen handelt es sich um komplexe, langwierigere Verhaltensweisen, für die Ihr Kind relativ viel Zeit und Motivation braucht. Es genügt nicht, schematisch vorzugehen wie beim Auszählen. Der Umgang mit dem Start-Verhalten verlangt von Eltern Einfühlungsvermögen, Kreativität und Flexibilität. Klingt kompliziert und ist auch nicht ganz einfach. Doch die 1-2-3-Methode stellt Ihnen einen geeigneten Werkzeugkoffer zur Verfügung. Mithilfe dieser Strategien können Sie gezielt ermutigen und Verstärker setzen.

TIPP

Ihnen schwebt ein ganzer Katalog wünschenswerter Veränderungen vor? Sie werden nicht alles auf einmal erreichen können. Verlangen Sie weder von Ihren Kindern noch von sich selbst zu viel!

Start-Verhalten

Nun kommen wir zu den Strategien, mit denen Eltern ihre Kinder motivieren können. Doch zunächst möchte ich Sie bitten, über entmutigende Verhaltensweisen nachzudenken, die Ihre Motivationsanstrengungen durchkreuzen können.

Ein Kind, das sich wohl und sicher fühlt, wird sich etwas zutrauen und grundsätzlich Spaß daran haben, mitzuarbeiten und Aufgaben zu erledigen. Diese positive Grundhaltung gefährden Eltern durch Meckern, Nörgeln und andauernde Kritik. Mit anderen

Worten: Indem wir Entmutigungen vermeiden, haben wir für die Ermutigung eines Kindes schon sehr viel getan.

Vielleicht denken Sie jetzt: »Bei aller Liebe – in der Erziehung auf Kritik verzichten zu wollen, ist ja wohl unmöglich!« Damit haben Sie recht. Die Beziehung zwischen Eltern und Kind ist eine, bei der – grob gesprochen – der eine führt und anleitet und der andere lernt. Ganz werden wir auf Kritik nicht verzichten können. Wenn wir Kinder erziehen, kommen wir manchmal nicht umhin, ihnen zu sagen, dass sie Dinge falsch machen. Die Frage ist allerdings, ob wir das so oft tun müssen, wie wir es tun.

Zu viel Kritik? Machen Sie ein Experiment

Machen wir uns doch mal klar, wie viel von dem, was wir einander täglich mitteilen, im Grunde aus Ermahnung und Belehrung besteht. Wie viel Prozent unserer Kommunikation entfällt auf Kritik und Anweisung (die in Wahrheit eine Sonderform der Kritik ist)? Erfahrungsgemäß kommt man da leicht auf 80 oder sogar 90 Prozent.

»Tu dies nicht, tu das nicht! – Lass das! – So geht das nicht! – Mit dieser Arbeitshaltung ist die Fünf vorprogrammiert! – Du kommst immer zu spät! – Deine Tischmanieren sind unter aller Würde! – Ich will dieses Motzgesicht nicht mehr sehen!«

Wir möchten unsere Kinder motivieren, ihnen gute Lehrer sein, aber leider geben wir oft nur unsere Befürchtungen und unsere eigene Verunsicherung an sie weiter. Stellen Sie sich doch mal vor, was passieren würde, wenn Sie eine Woche lang weder Kritik noch wiederholte Anweisung äußern würden. Sie würden einfach den Mund halten, wenn Ihnen eine kritische Bemerkung über die Lippen kommen will. (Klingt einfach, ist es aber natürlich nicht!) Zwei Dinge werden passieren, wenn Sie es ausprobieren: Erstens werden Sie bemerken, dass sich durch Ihren Verzicht auf Schimpfen und Ermahnungen zumindest nichts zum Schlechten verändert. Ihr Kind kennt die Regeln. Es hat sich bisher nicht im erziehungsfreien Raum bewegt und wird wissen, was Sie sagen wollen, noch bevor Sie den Mund aufmachen. Verbale Erinnerungen sind nicht das, was ihm fehlt.

AUF EINEN BLICK

Diese elterlichen Strategien unterstützen das Start-Verhalten:

> Lob und Ermutigung
> natürliche und logische Folgen (Seite 53)

Diese technischen Verstärker können Sie zusätzlich einsetzen:

> Wochenpläne und Tabellen (Seite 50)
> ein Kurzzeitmessgerät (Seite 58)

Zweitens werden Sie eine nachhaltige Verbesserung der Atmosphäre in Ihrer Familie erzielen. Für Sie selbst wird der Versuch eine große Entlastung mitbringen. Sie müssen sich nicht fortwährend mit unangenehmen Gedanken und Streitgesprächen herumschlagen. Und Ihr Kind? Es wird sich von Ihnen akzeptiert fühlen, so wie es ist. Es wird spüren: »Niemand meckert mit mir herum. Hier wohne ich und kann mich gut fühlen. Es ist schön, hier zu sein. Hier ist mein Platz. Ich bin gern zu Hause!«

Damit schaffen Sie die Basis, auf der Ihr Kind eine motivierte Haltung entwickeln kann: Je seltener Sie meckern und nörgeln, desto besser sind die Chancen, ein Kind zu ermutigen.

Setzen Sie auf Lob und Ermutigung

Die meisten Erwachsenen sprechen vorzugsweise dann mit ihren Kindern, wenn es etwas zu bemängeln gibt. In der Absicht, das Verhalten der Kinder zu verbessern, weisen sie diese wortreich auf ihre Fehler hin. Das ist nicht weiter verwunderlich, denn die Fehlerorientierung ist Bestandteil unserer Erziehungskultur. Schon in der Schule werden die Fehler in Aufsätzen und Mathearbeiten rot markiert – viel seltener wird das hervorgehoben, was richtig und gelungen ist. Leider hat die Konzentration auf Fehler und Schwächen (neben anderen ungünstigen Auswirkungen) zur Folge, dass Eltern eher dazu neigen, zufrieden zu schweigen, wenn Kinder sich kooperativ und regelkonform benehmen.

Doch zum Glück können wir uns jederzeit neue Gewohnheiten antrainieren und darauf achten, unsere Kinder häufiger zu loben und zu ermutigen. Dazu sind zwei Schritte nötig: Erstens sollten wir unseren Blick für das schulen, was am Verhalten eines Kindes lobenswert ist. Ermutigung beginnt mit dem Blickwinkel des Betrachters! Zweitens sollten wir es uns zur Regel machen, unsere Beobachtungen in Worte zu fassen oder mit einem Lächeln zu quittieren. Das ist ganz einfach:

> Sie bemerken, dass Robin (vier Jahre) seine Schuhe an der Haustür auszieht, als er aus dem Kindergarten kommt. Sie sagen: »Wie schön, dass du daran denkst, gleich die Schuhe auszuziehen, Robin!«

TIPP

Für Kinder, die schon lesen können: Loben Sie schriftlich! Legen Sie zum Beispiel ein Briefchen auf das Kopfkissen Ihres Kindes: »Wie schön, dass du dein Bett gemacht hast!« Ein solcher Ermutigungszettel kann sich als höchst wirkungsvoll erweisen.

> Sie sehen, dass Ann-Kathrin (sieben Jahre) nach den Hausaufgaben alle Stifte wieder in ihr Mäppchen sortiert. Sie sagen: »Es freut mich, dass du so ordentlich mit deinen Sachen umgehst!«

> Sie entdecken, dass die Spülmaschine leer ist. Jo (zehn Jahre) ist seiner Verpflichtung nachgekommen und hat die Maschine ohne Erinnerung am Nachmittag ausgeräumt. Sie sagen: »Toll, dass die Spülmaschine leer ist! So ist es viel einfacher für mich, das Abendessen vorzubereiten. Und ich musste noch nicht mal etwas sagen! Danke, Jo!«

Diese Selbstständigkeit ist ein guter Grund, Ihr Kind zu loben.

Sie werden jeden Tag viele kleine Gelegenheiten finden, Ihr Kind zu loben, wenn Sie bewusst darauf achten. Indem Sie Ihrer Freude oder Ihrem Respekt für eine Leistung Ihres Kindes Ausdruck verleihen, setzen Sie einen Verstärker. Sie stärken das Start-Verhalten.

Ermutigung und Lob – wo liegt der Unterschied?

Wir loben für eine Leistung. Unsere Ermutigung wird aber gerade dann gebraucht, wenn ein Kind keinen Erfolg verzeichnen kann, wenn etwas nicht klappt, die Schleife am Schuh auch beim fünften Versuch immer noch nicht hält oder der Rechentest voller Fehler ist.

Indem wir uns einen positiven Aspekt an der misslungenen Aktion heraussuchen – die Hartnäckigkeit des Kindes beim Üben vielleicht oder die Tatsache, dass es auch richtig gerechnete Aufgaben gibt – und den Blick des Kindes gezielt darauf lenken, zeigen wir, dass wir an seine Fähigkeiten glauben. Wir vermitteln ihm: »Es ist nur eine Frage der Zeit und der Übung, dann schaffst du das!« Ein Kind braucht das feste Vertrauen der Eltern in seine Möglichkeiten und ihre Zuversicht, dass es seinen Weg schon machen wird – auf seine Art.

Wenn wir ein Kind ermutigen, beziehen wir uns auf seine Person, unabhängig von seinem Verhalten und seinen Leistungen. Ermutigung signalisiert Liebe, Zusammengehörigkeit, Sicherheit. Worte sind dazu nicht unbedingt notwendig. Sie ermutigen Ihr Kind, indem Sie es zwischendurch mal drücken oder über seinen Kopf streicheln. Schauen Sie Ihr Kind freundlich an, wenn Sie mit ihm sprechen, und achten Sie auf einen ebenso freundlichen Ton.

Diese beiden Elemente einer ermutigenden Erziehung – der freundliche Blick und die freundliche Stimme – gehen zwischen den täglichen Ärgernissen oft unter. Unsere Blicke werden unnahbar oder ablehnend; die Stimme klingt nörgelnd und genervt. Achten Sie zwischendurch auf die Art und Weise, wie Sie Ihr Kind anschauen. Nehmen Sie Ihren Ton bewusst wahr. Wenn Sie merken »Ich meckere zu oft ...«, schaffen Sie Gegengewichte in unbelasteten Situationen (dann, wenn Ihr Kind noch gar keine Gelegenheit hatte, Ihre Geduld auszutesten): Wecken Sie Ihr Kind frühmorgens mit freundlicher, liebevoller Stimme. Oder setzen Sie schon mal ein Begrüßungslächeln auf, wenn es klingelt und Sie wissen: Mein Junge kommt jetzt aus der Schule.

Arbeiten Sie mit Wochenplänen und Erfolgstabellen

Durch Wochenpläne und Tabellen können Sie die Initiative und Zielstrebigkeit Ihres Kindes gezielt ankurbeln. Das funktioniert auch schon bei ganz kleinen Kindern, sobald sie einem Symbol – etwa einer Sonne oder Blume – einen Wert zuordnen können. In der Tabelle vermerken Sie, welchen Eifer Ihr Kind täglich in einem festgelegten Übungsfeld zeigt.

> Tamara (neun Jahre) vergisst immer wieder, nachmittags ihre Brotdose aus der Schultasche zu nehmen, die Reste auszuleeren und die Box auf die Spüle zu stellen. Ihre Mutter hat sich in der Vergangenheit häufig über vergammelte Obststücke in vergessenen Plastikdosen und einen zu knappen Vorrat an sauberen Brotdosen am Schulmorgen geärgert. Jetzt fertigt sie einen tabellarischen Plan an, auf dem für jeden Wochentag ein leeres Kästchen aufgezeichnet ist. Für jeden Tag, an dem Tamara daran denkt, die benutzte Brotdose abzuliefern, klebt sie einen Blümchenaufkleber in die Tabelle.

Durch einen solchen Wochenplan (eine Kopiervorlage dazu finden Sie im Folder zu diesem Buch) loben Sie Ihr Kind in schriftlicher Form. Indem Sie den Plan an einem Ort aufhängen, an dem alle Familienmitglieder sich häufig aufhalten (am besten in der Küche), schaffen Sie Öffentlichkeit – und damit einen weiteren Verstärker. Doch beachten Sie bitte: Je älter Kinder werden, desto weniger Wert werden sie wahrscheinlich auf Öffentlichkeit legen. Dann bewahren Sie die Liste besser in einer Schublade auf oder hängen Sie sie an die Innenseite einer Schranktür.

Mittels Tabelle setzen Sie einen Impuls für Ihr Kind, stolz auf seine dokumentierte Leistung zu sein. Der Stolz auf etwas, das man geschafft hat, ist ein starker Motivationsmotor.

Es kann trotzdem sein, dass ein ambitioniertes Verhalten erlahmt, etwa wenn das Kind eine geforderte Aufgabe als völlig reizlos oder besonders anstrengend empfindet. In diesem Fall könnten Sie seinen Fleiß unterstützen, indem Sie Ihr Kind für eine erfolgreich absolvierte Übungsphase extra belohnen. Denkbar ist zum Beispiel, dass Sie Ihrem Sohn oder Ihrer Tochter einen Wunsch erfüllen, wenn er oder sie eine Woche lang die verabredete Verpflichtung erfüllt hat. Aber lassen Sie beim Einsatz einer solchen Prämie Vorsicht walten. Sie wollen Ihr Kind zur Mitarbeit in der Sache anregen, nicht seine gesamte Aufmerksamkeit auf den Gegenstand der Belohnung lenken. Beachten Sie das Prinzip der Verhältnismäßigkeit. Schenken Sie Ihrem Kind kein Handy, nur weil es sich jeden Abend unaufgefordert die Zähne putzt!

Denken Sie insbesondere dann an eine kleine Auszeichnung, wenn das Kind an einer Aufgabe wirklich hart arbeiten muss, etwa weil die Hausaufgaben Ihrem Sohn wegen seines Aufmerksamkeits-Defizit-Syndroms besonders schwerfallen. Oder wenn Ihr Kind mithilfe des Wochenplans eine Hürde genommen hat, die das Familienklima erheblich beeinträchtigt hatte.

GU-ERFOLGSTIPP

BELOHNEN SIE ANGEMESSEN

Wählen Sie bevorzugt nicht-materielle Belohnungen: einen gemeinsamen Spieleabend, eine Übernachtung auswärts, eine längere Vorlesegeschichte. Betonen Sie, dass das Durchhaltevermögen Ihres Kindes ein Grund zum Feiern ist – und nicht zur Bezahlung. Nicht-materielle Belohnungen bedeuten in der Regel für Eltern mehr Einsatz und Anstrengung als die Auszahlung eines Geldbetrags. Gerade deshalb werden sie von den Kindern als wertvoll empfunden.

Wenn auch geborgte Motivation keine befriedigende Lösung bringt, sollten Sie die Disziplin Ihres Kindes fördern, indem Sie es mit den Folgen seines Verhaltens konfrontieren.

Konsequenz zeigen – keine leichte Übung

Nehmen wir an, Sie haben Ihr Möglichstes versucht, Ihre achtjährige Tochter Leonie bei der Erledigung ihrer Aufgaben zu unterstützen. Sie haben sie zu Beginn der Woche mit freundlicher Stimme aufgefordert, ihr Kaninchen zu füttern, und darauf geachtet, dabei jeden genervten Unterton zu vermeiden. Sie haben geschickt einen Verstärker eingesetzt und eine Blümchen-Tabelle am Kühlschrank aufgehängt: Jeden Tag, an dem sie das Kaninchen ordentlich versorgte, gab es ein Blümchen auf der Liste. Trotzdem lässt Leonies Eifer bereits nach drei Tagen sehr zu wünschen übrig. Kein Löwenzahn im Hasenkäfig, kein Blümchen am Kühlschrank.

Bitte fragen Sie sich nicht frustriert, was Sie denn falsch gemacht haben! Ziehen Sie ebenso wenig den Schluss, die Methode funktioniere eben doch nicht. Führen Sie sich vor Augen: Es ist nicht einfach für Ihr Kind, die Ausdauer zur täglichen Pflichterfüllung aufzubringen. Der Versuch ist nicht gescheitert, sondern nimmt nur seinen ganz gewöhnlichen Verlauf. Zeitweilige Einbrüche gehören dazu. Jetzt kommt es darauf an, wie Sie mit den Versäumnissen umgehen.

Dazu machen Sie sich zunächst klar, woraus Kinder lernen. Wir Eltern nehmen in der Regel an, dass unsere Kinder aus dem lernen, was wir ihnen sagen – und deshalb reden wir dauernd mit ihnen, machen ihnen Vorhaltungen, halten Gardinenpredigten. Aber leider funktioniert es so in den seltensten Fällen. Kinder lernen nämlich aus den Folgen ihres und unseres Verhaltens.

Die Anwendung natürlicher und logischer Folgen ist eine der wirksamsten Methoden, das Verhalten von Kindern zu beeinflussen. Kinder lernen aus dem Druck der Wirklichkeit viel mehr als aus irgendeiner Form verbaler Belehrung. Diese Erkenntnis schenkt uns ein vielseitig verwendbares Handwerkszeug, dessen Einsatz allerdings ein bisschen Übung erfordert.

TIPP
Ermahnungen und Erklärungen sind keine wirksamen Konsequenzen. Konzentrieren Sie sich auf Ihre Handlungen und setzen Sie diese mit Bedacht ein. Nur so können Sie Veränderungen bewirken.

Verzichten Sie also wieder – das kennen Sie ja bereits – auf den Einsatz vieler Worte und konzentrieren Sie sich auf eine passende Konsequenz. Die zu finden, ist allerdings nicht so einfach. Sie könnten, um zu unserem Beispiel zurückzukehren, das hungernde Kaninchen verärgert und murrend selber füttern. Mit dieser Folge kann Ihre Tochter sehr gut leben. Sie lernt daraus: Eine ihr aufgetragene Aufgabe muss sie gar nicht erledigen. Wenn sie es nicht tut, wird es die Mama schon richten. Sie sehen, der Grundsatz »Kinder lernen aus den Folgen« funktioniert in alle Richtungen. Kinder lernen immer. Wir sollten uns daher hüten, ihnen versehentlich die falschen Verhaltensweisen anzutrainieren.

Fragen Sie sich also, was genau Ihr Kind aus Ihrer Erziehungslektion lernen soll. Dieses Ziel verfolgen Sie. Wenn es Ihr Ziel ist, Leonie beizubringen, Verantwortung zu übernehmen, nehmen Sie ihr diese Verantwortung nicht ab, sondern reagieren Sie mit angemessener Konsequenz auf Leonies Nachlässigkeit.

So geht's: Natürliche und logische Folgen

Es gibt zwei Arten von Folgen: die natürlichen und die logischen. Angenommen, Sie entscheiden sich für eine natürliche Folge. Das bedeutet, Sie tun gar nichts. Sie lehnen sich zurück und lassen den Dingen ihren Lauf. Das Kind erfährt die Konsequenz seines Verhaltens. In unserem Kaninchen-Fall würde das allerdings den berechtigten Protest aller Tierschützer auf den Plan rufen. Kein guter Einfall.

Ihre Alternative ist die logische Folge. Fragen Sie sich, welche logische Folge in Leonies Augen erkennbar schlüssig wäre.

> **Vorschlag 1:** Nach der Regel »Erst die Pflichten, dann das Vergnügen!« dürfte Leonie erst dann zu ihrer Freundin spielen gehen, nachdem sie ihrer Aufgabe nachgekommen ist, das Kaninchen zu versorgen. Das wäre eine mögliche Konsequenz.

> **Vorschlag 2:** Sie könnten auch überlegen, Leonie ebenso auf Essensentzug zu setzen

AN DIESEN KRITERIEN SIND LOGISCHE FOLGEN ZU ERKENNEN

> Logische Folgen stehen in nachvollziehbarem Zusammenhang zum Verhalten Ihres Kindes. Das unterscheidet sie von der willkürlich gesetzten Strafe.
> Logische Folgen sind respektvoll.
> Sie sind angemessen.
> Sie sind im Idealfall angekündigt (verstanden und akzeptiert).

GU-ERFOLGSTIPP   LOGISCHE FOLGEN FINDEN

Logische Folgen erfordern etwas Überlegung. Beobachten Sie sich eine Weile selbst und stufen Sie Ihre Reaktionen im Rückblick ein: Entspricht das, was ich gemacht habe, einer logischen Folge? Ziehen Sie sich dann in einer stillen Stunde zurück und führen Sie sich häufige Alltagsprobleme vor Augen.

Legen Sie Ihren persönlichen Katalog logischer Folgen an (eine entsprechende Übung finden Sie im Folder am Ende des Buches) und notieren Sie Ihre Ideen zum Nachlesen. Diesen Fundus können Sie im Akutfall nutzen, denn in einer Konfliktsituation fallen Ihnen vermutlich nur die gewohnten Sanktionen ein.

wie das Kaninchen. Damit würden Sie sich allerdings gegenüber Ihrer Tochter und ihren Bedürfnissen genauso respektlos benehmen wie diese gegenüber ihrem Haustier. Vorschlag 2 ist damit durchgefallen.

> **Vorschlag 3:** Vielleicht erwägen Sie, das Kaninchen samt Käfig und Heuvorrat zu verschenken. Das könnte möglicherweise passen. Entscheidend ist der Punkt Angemessenheit. Wenn Ihr Kind die Kaninchenfütterung zum ersten oder zweiten Mal vergisst, wäre diese Reaktion überzogen. Wäre das Kaninchen allerdings schon seit Wochen verhungert, wenn Sie nicht wären, könnten Sie mit einer radikalen Lösung den erwünschten Lerneffekt erzielen.

Folgen für Fortgeschrittene

Zuweilen ist es schwierig, geeignete Folgen zu finden. Stellen Sie sich vor, Ihr zehnjähriger Sohn Jan hat die Pflicht, die Mülleimer und Papierkörbe im Haus zu leeren. Eimer und Körbe quellen über. Er kommt seiner Verpflichtung nicht nach. Da die natürliche Folge recht unappetitlich ist, kommt sie für die meisten Eltern nicht infrage.

Als logisch könnte gelten, die Abfallbehälter in Jans Zimmer zu stapeln und ihm so seine Pflicht vor Augen zu führen. Diese Idee riecht verdächtig nach elterlichem Rachefeldzug. Wenn ein Kind den Eindruck gewinnt, wir wollten ihm sein falsches Verhalten heimzahlen, sind Provokationen und Verletzungen, schlimmstenfalls eine Eskalation vorprogrammiert.

In solchen Fällen, in denen es schwierig ist, eine direkte Folge zu finden, können Sie über einen Umweg eine passende Konsequenz konstruieren. Dabei arbeiten Sie mit den Faktoren Zeit und Geld.

In Jans Fall könnte das Ergebnis so aussehen: Sie erledigen Jans Arbeit. Wenn er Sie hinterher bittet, ihn zum Hockeytraining zu fahren, antworten Sie in ruhigem Ton: »Ich habe 20 Minuten gebraucht, alle Mülleimer zu leeren und neue Tüten einzufüllen. Jetzt muss ich mich ums Abendessen kümmern. Ich habe heute keine Zeit mehr, dich zu fahren. Nimm bitte den Bus.«

Sie arbeiten mit der Faktor Zeit. Achten Sie aber bitte auf eine kurze sachliche Erklärung und vermeiden Sie unbedingt Anzeichen von Schadenfreude! Verlieren Sie bitte nicht aus den Augen: Sie sind dabei, Ihr Kind zu Teamgeist und Verlässlichkeit zu erziehen. Es geht nicht um einen Wettstreit, bei dem als Sieger hervorgeht, wer den anderen über den Tisch zieht. Sobald Sie der Versuchung erliegen, es dem Jan in Ihrer Familie heimzuzahlen, indem Sie etwa sagen: »Tja, dumm gelaufen, Jan, du hast gerade eine Busfahrkarte gewonnen – und glaub ja nicht, dass ich dich nochmal irgendwohin kutschiere!«, wird sich Jans Interesse auf den Schlagabtausch zwischen Ihnen richten, während die Haushaltspflichten gänzlich in Vergessenheit geraten.

Eine weitere Möglichkeit ist die Kürzung des Taschengeldes. Auch hier ist es wichtig, dass Sie keine lauten Vorwürfe erheben, sondern Jan gegenüber eine knappe, freundliche Mitteilung machen: »Ich habe deine Arbeit übernommen, als sie unaufschiebbar wurde. Ich berechne dir dafür einen Euro von deinem Taschengeld. Willst du mir das Geld geben oder sollen wir es bei der nächsten Taschengeldauszahlung abziehen?«

Bei indirekten Konsequenzen wie dieser handelt es sich um weniger naheliegende Reaktionsmöglichkeiten. Daher eignen sie sich nur für ältere Kinder ab etwa sieben Jahren, die schon um die Ecke denken können. Sie müssen Taschengeld beziehen und in der Lage sein, die Zeitverzögerung bei der gesetzten Folge zu überblicken.

WICHTIG
Achten Sie auf Ihren Tonfall, wenn Sie Konsequenzen ankündigen. Sobald Sie ironisch oder sarkastisch werden, haben Sie die Ebene der Sachlichkeit verlassen und damit Ihre pädagogische Souveränität aufgegeben. Vermutlich wird Ihr Kind das als Einladung zum Machtkampf verstehen.

Wer nicht essen will, bleibt hungrig – eine natürliche Konsequenz.

Natürliche Folgen für kleine, größere und große Kinder

Was unter natürlichen Folgen zu verstehen ist, wurde bereits erwähnt: Sie passieren ganz von selbst, ohne dass die Eltern etwas dazu tun müssen. Sehen Sie sich dazu die folgenden Beispiele an.

Kleine Kinder von zwei bis drei Jahren

> Sophie weigert sich, ihr Mittagessen zu essen. Sie schüttelt den Kopf und kneift die Lippen zusammen. Die Spielpause ist ihr lästig. Als Sie ihr die Nudeln noch einmal anbieten, versucht sie, ihren Teller vom Tisch zu fegen. Sie bringen den Teller schweigend in die Küche und entlassen Sophie zu ihrem Spiel. Wenig später wird sie merken, dass sie Hunger hat.

> Die Brücke, die Tim aus Holzbauklötzen errichtet hat, ist zum zweiten Mal zusammengebrochen, als er mit seinem gelben Spielzeuglaster darüberfahren wollte. In seiner Wut knallt Tim den Laster so heftig auf den Boden, dass er zerbricht. Tim hat keinen Laster mehr.

Größere Kinder von vier bis sieben Jahren

> Yannik liebt es, bei Regen in Pfützen zu spielen. Wenn er ins Haus geht, soll er seine Gummistiefel in den Keller stellen, das weiß er. Doch Yannik hat seine Stiefel achtlos vor der Tür stehen lassen. Sie sind innen ganz nass geworden. Als es regnet, hat er keine Stiefel und muss drinnen bleiben.

> Marie räumt nicht gern auf. Die Spielfiguren zu ihrem Lieblingsspiel liegen verstreut in der Spielekiste. Marie kann das Spiel nicht mit ihrer Oma spielen, als diese zu Besuch kommt.

Große Kinder von acht bis zwölf Jahren

> Sören hat sein Handy verloren. Er hatte verbotenerweise im Unterricht damit gespielt und konnte es nicht sicher verstauen, weil er sich beeilen musste, als der Lehrer zu seiner Bankreihe kam. Als er nach Schulschluss zum Bus rannte, ist es ihm aus der Tasche gefallen. Ohne sein Handy kann Sören nicht mehr mobil telefonieren.

> Laura hat ihr Taschengeld schon in der ersten Woche des Monats ausgegeben. Sie kann am Monatsende nicht mit ihren Freundinnen ins Kino gehen.

Logische Folgen für kleine, größere und große Kinder

Logische Folgen sind, wie auf Seite 53 erläutert, die Konsequenzen, die von Eltern geschaffen werden. Auch dazu finden Sie hier einige Beispiele.

Kleine Kinder von zwei bis drei Jahren

> Luca spielt am Boden mit seinen Spielzeugautos. Er lässt die Autos gegen die Wohnzimmertür sausen. Seine Mutter sagt: »Ich glaube, du hast vergessen, dass du nicht gegen Türen und Möbel fahren sollst.« Sie packt die Autos für eine halbe Stunde in eine Kiste. Nach Ablauf der Zeit darf Luca wieder damit spielen.
> Lena spielt mit dem Ball im Garten. Es ist ihr verboten, auf die Straße zu rennen. Lena läuft trotzdem hinaus. Ihr Vater bringt sie zurück auf das Grundstück und sagt: »Ballspielen ist nur im Garten erlaubt, nicht auf der Straße. Wenn du auf die Straße rennst, kannst du nicht im Garten spielen. Wir gehen ins Haus.«

Größere Kinder von vier bis sieben Jahren

> Kim weigert sich, abends die Zähne zu putzen. Am nächsten Tag bekommt sie keine Süßigkeiten, damit die Zähne keinen Schaden nehmen.
> Lars hat beim Abendessen Saft verschüttet. Seine Mutter gibt ihm einen Lappen und fordert ihn freundlich auf, den Saft wegzuputzen.

Große Kinder von acht bis zwölf Jahren

> Simon hat sein neues Fahrrad nachts unverschlossen vor der Haustür stehen lassen. Sein Vater räumt das Rad in den Keller. Simon kann es eine Woche lang nicht benutzen. Wenn er seine Freunde besucht, muss er zu Fuß gehen und für die Wege mehr Zeit einplanen. Als seine Clique am Samstag ein Fahrradrennen veranstaltet, kann er nur die Zeit stoppen.

PASSEND ZUM ALTER
Logische Folgen müssen altersangemessen sein, wenn sie Wirkung zeigen sollen. Faustregel: Je kleiner das Kind, desto unmittelbarer muss die Konsequenz erfolgen.

> Sabrina darf nach der Schule mit zu einer Freundin gehen. Sie soll um 16 Uhr zu Hause sein und ihre Hausaufgaben erledigen. Sabrina kommt erst um 17 Uhr. Als sie am nächsten Morgen wieder um Erlaubnis bittet, zu ihrer Freundin gehen zu dürfen, sagt ihre Mutter: »Es tut mir leid. Du bist noch nicht verantwortungsbewusst genug, um pünktlich zu sein. Du kommst heute direkt nach der Schule nach Hause. Morgen können wir es nochmal probieren.«

Der Trick mit dem Kurzzeitmesser

In dem Moment, in dem Eltern Forderungen an ihre Kinder stellen beziehungsweise diesen Forderungen durch natürliche und logische Folgen Nachdruck verleihen, können sich Konflikte in Windeseile entzünden. Kinder geraten in Wut, fangen an zu motzen und zu streiten. Eltern werden ihrerseits zornig, regen sich auf. Diese kritische Situation können Sie durch einen Kurzzeitmesser entschärfen. Sie brauchen dafür auf jeden Fall ein herkömmliches, tickendes Gerät, zum Beispiel eine mechanische, transportable Eieruhr. Mit digitalen Geräten können kleine Kinder nichts anfangen.

TIPP
Ein Kurzzeitmesser eignet sich übrigens auch prima dafür, bei den Auszeiten die Zeit zu stoppen.

Angenommen, die Aufgabe für Ihr Kind lautet: »Lies bitte zehn Minuten laut im Lesebuch zur Übung.« Warten Sie zunächst ab, bis Ihr Kind mit geöffnetem Lesebuch am Tisch sitzt. Dann stellen Sie am Kurzzeitmesser zehn Minuten ein. Damit erzielen Sie gleich mehrere Vorteile:

> Ein jüngeres Kind mit diffuser Zeitvorstellung gewinnt eine konkrete Vorstellung, wann die Arbeit beendet sein wird.

> Eine als langweilig empfundene Aufgabe bekommt plötzlich Schwung und macht dadurch Spaß, wenn die Uhr hörbar tickt.

> Das Ticken lenkt die Konzentration des Kindes auf die zu erledigende Aufgabe – und weg vom elterlichen Wunsch. Oppositionelles Verhalten wird damit unwahrscheinlicher.

> Der sportliche Charakter der Anstrengung wird betont.

> Sie kontrollieren nicht das Kind und die Art und Weise, wie es seine Aufgabe erledigt, sondern lediglich, ob etwas passiert ist, wenn der Kurzzeitmesser rappelt.

Gut gerüstet für die Alltagspraxis

Sie kennen jetzt das gesamte Programm der 1-2-3-Formel, einschließlich Erziehungsstrategien und Hilfsmittel. Im folgenden Kapitel finden Sie typische Problemsituationen (oder besser: elterliche Herausforderungen) alphabetisch nach Schlagworten geordnet. Für jede beschriebene Situation werden Lösungen unter Anwendung der 1-2-3-Methode beispielhaft vorgestellt. Dazu gehört zunächst die Einordnung der Erziehungsfrage: Stopp-Verhalten oder Start-Verhalten? Danach finden Sie einen Vorschlag zur Reaktion auf das Verhalten des Kindes, manchmal auch mehrere – etwa dann, wenn pädagogisch sinnvolle Handlungen der Eltern bei älteren Kindern deutlich anders ausfallen könnten als bei jüngeren Kindern, oder wenn schwere und weniger schwere Regelverstöße eine Unterscheidung verlangen.

Ein Wort zur Ermutigung

Hadern Sie bitte nicht mit sich, wenn es Ihnen auch nach längerer Übung nicht gelingt, die 1-2-3-Methode gleichbleibend korrekt einzusetzen! Die Methode wird trotzdem Erfolge zeigen. Aber da Eltern keine seelenlosen Maschinen sind, werden sie die Regeln der Methode mal mehr, mal weniger gut umsetzen können. Wo unsere Schwierigkeiten liegen, ist unterschiedlich. Im Grunde gibt es meiner Erfahrung nach zwei Arten von Eltern. Es gibt Eltern, die zweifelsfrei davon ausgehen, dass Vorschriften ein notwendiges Korsett für alle Formen von Beziehungen sind. Sie halten es für unabdingbar, dass ihre Kinder das lernen, auch wenn es unbequem ist. Diese Eltern sind gut darin, Disziplin einzuhalten, aber oft weniger verständnisvoll ihren Kindern gegenüber. Dann gibt es die Eltern (zu denen gehöre ich), die sich wunderbar in ihre Kinder hineinversetzen können, denen es aber schwerfällt, konsequent zu bleiben und logische Folgen auszuhalten. Die eine Gruppe hat Probleme, passgenaue Formen der Ermutigung zu finden, die andere schafft es kaum, den Rat »Nicht reden, keine Gefühle« einzuhalten. Punktuell ist es für alle schwierig. Bei schwacher Tagesform oder starken Belastungen bricht jeder mal ein. Finden Sie das einfach nicht so schlimm!

EINFACH DRANBLEIBEN

Wir alle bringen bestimmte Fähigkeiten mit. An anderen müssen wir arbeiten, wenn wir unseren Job gut machen wollen. Wir peilen bestimmte Ziele an, bewegen uns darauf zu und werden immer wieder zurückgeworfen. Wenn das passiert, fangen wir eben von vorn an – auf 1-2-3!

ERZIEHUNGS-ALLTAG VON A BIS Z

So setzen Sie die 1-2-3-Methode in schwierigen Erziehungssituationen ein: Schlagen Sie nach unter A wie Aufräumen oder H wie Hausaufgaben.

Aufräumen: Chaos in den vier Wänden

Lisa (vier Jahre) hat jeden Quadratzentimeter ihres Kinderzimmerbodens genutzt, um einen Zoo aufzubauen. Jetzt hat sie keine Lust aufzuräumen. Bald ist Schlafenszeit, aber es gibt nicht einmal einen begehbaren Weg von der Zimmertür zum Bett.

Ihr Ziel: Start-Verhalten auslösen

Sie können die Tiergehege in Lisa Zimmer bewundern und ihr Hilfe beim Aufräumen anbieten: »Komm, Lisa, du packst die Tiere in die blaue Kiste und ich die Zäune und die Bäume in die rote! « Große Unordnung kann kleine Kinder überfordern, auch wenn sie sie selbst angerichtet haben. Sie haben durch Ihre Mithilfe die Möglichkeit, strukturiertes Arbeiten anzuleiten (rote und blaue Kiste). Wenn kein Zeitdruck besteht und das Zimmer nicht in Kürze wieder begehbar sein muss, können Sie Lisa auch allein arbeiten lassen, nachdem Sie ihr gezeigt haben, wie sie aufräumen soll.

TIPP

Sie können Lisas Motivation auch mit einem Kurzzeitmesser unterstützen. Kinder im Kindergartenalter haben oft Spaß an spielerischen Wetten: »Ich wette, du schaffst es nicht, alle Zooteile wegzuräumen, bis der Wecker klingelt!«

Unordnung im Schulalter

Situation 2: Wieder hat Lisa den ganzen Nachmittag in ihrem Zimmer gespielt und jede freie Fläche des Bodens zugebaut. Abendessen und Duschen stehen noch auf dem Programm, bevor Lisa ins Bett muss. Auch diesmal mag sie nicht aufräumen. Der Unterschied zur ersten Situation: Lisa ist bereits sieben Jahre alt.

Ihr Ziel: Start-Verhalten auslösen

Sie loben Lisa für ihre kreative Leistung und fordern sie in freundlichem Ton auf, ihr Zimmer aufzuräumen. Den Kurzzeitmesser können Sie in diesem Fall einsetzen, um Ihrer Tochter anzuzeigen, wann es Abendessen gibt.

Ein Bild der Verwüstung

Situation 3: Sie kommen vom Einkaufen zurück und müssen feststellen, dass Ihre achtjährigen Zwillinge Kai und Lukas gemeinsam mit zwei gleichaltrigen Freunden das Wohnzimmer in ein Schlachtfeld verwandelt haben. Die beweglichen Möbel wurden verrückt und ebenso wie Ihre Decken und Dekokissen zum Höhlenbau verwendet. Die Gardine ist halb aus der Schiene gerutscht und baumelt traurig von der Decke. Als Sie in der Wohnzimmertür erscheinen, unterbrechen die Jungen ihr Spiel und schauen sich schuldbewusst um.

Ihr Ziel: Start-Verhalten auslösen

Sie sagen: »Das ist nicht euer Spielzimmer. Bitte räumt jetzt wieder auf. Ich möchte, dass unser Wohnzimmer wieder so aussieht wie vorher. Bei der Gardine werdet ihr Hilfe brauchen. Sagt mir Bescheid, wenn wir sie richten können.«

Sie haben damit Ihren Kindern keine Vorlage zu einem Kampf geliefert, haben nicht durch Vorhaltungen und Schimpfen vom geforderten Verhalten abgelenkt, sondern eine klare, sachliche Anweisung gegeben. Da die Kinder Anzeichen für ein schlechtes Gewissen zeigen, werden Hilfsmittel wie ein Kurzzeitmesser zur Motivationssteigerung wahrscheinlich nicht notwendig sein.

Chaoskinder

Situation 4: Die siebenjährige Emily ist eine kleine Chaoskönigin. Sie fühlt sich offensichtlich wohl im Durcheinander und schafft es fast nie, Ordnung in ihrem Zimmer herzustellen, wenn der Tag zu Ende geht.

Ihr Ziel: Start-Verhalten auslösen

Fertigen Sie eine Aufräumtabelle an. An jedem Tag der Woche, an dem Emily ihre Spielsachen abends wegräumt, malen Sie vor dem Zubettgehen einen Smiley in die Tabelle und verleihen dabei

ACHTUNG, STOPP-VERHALTEN!
Würden die Jungs in der geschilderten Szene trotz Ihres Erscheinens weitertoben, würden Sie sie auszählen, denn Randalieren (Seite 101) zählt zum Stopp-Verhalten.

GU-ERFOLGSTIPP **LOBEN SIE ANGEMESSEN**

Freuen Sie sich nicht still und heimlich über konstruktives Verhalten wie das Aufräumen des Kinderzimmers. Fassen Sie Ihre Zufriedenheit über die Bemühungen Ihres Kindes in anerkennende Worte. Achten Sie aber auch darauf, altersgerecht zu loben. Das bedeutet: Loben Sie kleine Kinder (Richtwert: Kindergartenalter) häufig, das heißt mehrmals während der Aufräumarbeit und danach nochmals. Bei älteren Kinder (Richtwert: Schulalter) können Sie sich auf ein paar Worte der Anerkennung nach getaner Arbeit beschränken.

Zu intensives Lob kann übertrieben wirken. Der motivierende Effekt einer lobenden Bemerkung geht verloren, wenn Sie so tun, als hätte das Kind eine großartige Leistung vollbracht, während es die Sache tatsächlich mit links bewältigt hat.

Ihrer Freude über Emilys Ordnungsaktivitäten Ausdruck. Eine »aufgeräumte Woche« von Montag bis Samstag feiern Sie am Sonntag in der Eisdiele.

Provokante Unordnung

Situation 5: Lotta ist elf Jahre alt. In ihrem Zimmer liegen ständig benutzte Wäschestücke, Spielsachen, Bücher und Schulhefte in buntem Durcheinander. Sehr zu Ihrem Ärger ...

Ihr Ziel: Start-Verhalten auslösen

Hier werden Sie, ähnlich wie im vorigen Beispiel, nicht mit einer Einzelsituation, sondern mit einem strukturellen Problem konfrontiert: Lotta räumt überhaupt nicht auf.

Ein Wort, bevor wir uns mit möglichen Lösungen befassen: Lotta ist da nicht die Einzige. Gerade wenn Kinder ins Teenageralter kommen, wird das unaufgeräumte Zimmer häufig zum Dauerstreitpunkt – und zur Machtfrage zwischen Eltern und Kindern. Pubertierende Kinder provozieren ihre Eltern gern an ihren wunden Punkten. Das ist besonders effektiv! Fragen Sie sich selbst, wie wichtig Ihnen die Ordnung im Zimmer ist. Wäre es für Sie vorstellbar, eine Weile alle Fünfe gerade sein zu lassen, um einen entspannteren Zustand zu erreichen, in dem Erziehung wieder möglich wird? Wenn Sie Lotta morgens schon voller Wut wecken, weil ihre Zimmertür sich wegen der vielen herumliegenden Sachen nicht richtig öffnen lässt, sie mittags mit der Anweisung empfangen, als Erstes ihr Zimmer aufzuräumen und sie beim Gute-Nacht-Sagen schimpfen, weil sie das nicht zu Ihrer Zufriedenheit getan hat, wird die Unordnung zum giftigen Zankapfel. Wenn Sie mit Ihrer Tochter streiten, können Sie sie nicht erziehen. Lassen Sie die Tür zu Lottas Zimmer zu, sodass Sie das Chaos nicht sehen. Geben Sie ihr ein paar Tage, in denen das Thema Zimmer nicht angesprochen wird. So kann sich das Familienklima wieder erholen.

Erklären Sie Lotta nach dieser Pause, dass Sie ihre Unordnung nicht endlos ignorieren können, weil auch in ihrem Zimmer in regelmäßigen Abständen sauber gemacht werden muss, damit Sie nicht irgendwann unerwünschte vielbeinige Mitbewohner haben. Erläutern Sie Ihrer Tochter folgende Vorgehensweise: Sie stellen – möglichst gemeinsam – einen Wochenplan auf, der einen Aufräumtag vorsieht. Danach erfolgt eine kurze Zimmerkontrolle Ihrerseits. Sollte Lottas Zimmer nicht in Ordnung sein, tritt eine logische Folge in Kraft: Sie könnten die Arbeit übernehmen und dafür Lottas Taschengeld kürzen. Oder Sie erklären Lotta, dass sie erst zu ihrer Freundin gehen (oder fernsehen oder die Spielekonsole anschließen) darf, wenn ihr Zimmer aufgeräumt ist.

In vielen Familien das nervenaufreibende Dauerstreitthema: Chaos im Kinderzimmer.

Autofahrten: Stress unterwegs

Sie befinden sich mit Ihren drei Kindern Simon (neun Jahre), Franziska (sieben Jahre) und Hannah (vier Jahre) auf dem Weg zu Omas Geburtstagsfeier. Die Fahrt dauert eine halbe Stunde. Nach fünfzehn Minuten streiten die Kinder auf dem Rücksitz erbittert und so lautstark, dass Sie die Nachrichten im Radio nicht mehr hören können.

Ihr Ziel: Stopp-Verhalten beenden

Sie verschaffen sich Gehör und sagen: »Hier kommt die 1.« Darauf beginnen die Kinder gleichzeitig zu reden und sich gegenseitig zu beschuldigen. Sie beantworten das, indem Sie weiterzählen: »Hier ist die 2.« Die Kinder kabbeln sich weiter. Wenn Sie die dritte Auszählstufe erreichen, setzen Sie den Blinker, fahren an den Straßenrand und schalten den Motor aus. Sie verhängen damit eine Auszeit. Die Dauer sollte etwa im Mittel der Kinderjahre liegen, in diesem Fall also bei sechs bis sieben Minuten. Verhalten Sie sich ganz ruhig und warten Sie die Dauer der Auszeit gleichmütig ab (oder tun Sie so). Ihre Kinder werden von dieser Auszeitvariante beeindruckt sein!

Alternativ könnten Sie bei 3 ohne ein weiteres Wort wenden, zurück nach Hause fahren und die Kinder die Auszeit in ihren Zimmern verbringen lassen, bevor Sie sich ein weiteres Mal gemeinsam ins Auto setzen. Diese Idee funktioniert allerdings nur, wenn Sie für die Rückkehr nach Hause nur wenige Minuten benötigen. Ist die Zeitspanne zu lang, werden Sie möglicherweise Mühe haben, die Kinder in ihre Auszeitorte zu befördern, weil die inzwischen auf stur und trotzig geschaltet haben.

AUSZEIT AUSSER HAUS

Der Auszeitort muss nicht immer das Zimmer Ihres Kindes sein. Wenn Sie sich außerhalb Ihres Hauses bewegen, können Sie fast jeden beliebigen Ort dazu erklären. Wo es keine Auszeitorte gibt, müssen Sie eben welche erfinden (lesen Sie dazu auch »Einkaufen«, Seite 72).

Computerspiele:
Zeit zum Ausschalten!

Ihr Sohn Frederik (zehn Jahre) würde am liebsten jede freie Minute für Computerspiele nutzen. Seit Sie vor drei Monaten einen neuen Rechner angeschafft haben und der ältere Computer im Kinderzimmer steht, zieht sich Frederik immer häufiger zurück. Fast immer, wenn Sie nachschauen, hat er sich in ein Spiel vertieft. Sie befürchten mittlerweile, dass die Schularbeiten leiden und Frederik zu wenig draußen spielt.

Ihr Ziel: Start-Verhalten auslösen

Natürlich ist es möglich, die Situation als Stopp-Verhalten zu betrachten, das Sie auszählen können. Sie streben aber vorrangig einen veränderten, vernünftigen Umgang mit dem Computer an. Daher ist es sinnvoll, hier an einem Start-Verhalten zu arbeiten. Verabreden Sie feste Zeiten, in denen Frederik am Computer spielen kann. Sie können zusätzlich auch Zeitfenster festlegen (»Computerspiele nicht vor fünf Uhr nachmittags!«). Stellen Sie den Kurzzeitwecker, um die Spielzeit zu begrenzen. Das enthebt Sie der Verantwortung, auf die Uhr zu sehen und Frederik zu gegebener Zeit ans Ausschalten zu erinnern. Setzen Sie logische Folgen ein: Wenn Frederik über die vereinbarte Zeit hinaus spielt oder den Wecker ignoriert, muss er am folgenden Tag mit seinem Spiel aussetzen. Zeigt er sich wiederholt nicht bereit, Regeln zum Computerspiel einzuhal-

TIPP: Erläutern Sie Ihre Beweggründe
Damit Ihr Nachwuchs erkennen kann, dass er nicht willkürlich in seiner Lieblingsbeschäftigung beschnitten wird, besprechen Sie mit ihm, worüber Sie sich Gedanken machen und was Sie für wichtig halten: zum Beispiel ausreichende Bewegung und Spiele mit Kindern anstatt mit den irrealen Charakteren animierter Computerwelten. Das funktioniert am besten in einem Forum, das zugleich Redefreiheit ermöglicht und Kommunikationsregeln vorgibt: dem Familienrat (Seite 117).

ten, entfernen Sie den Rechner für einen angemessenen Zeitraum aus seinem Zimmer. Erarbeiten Sie gemeinsam ein System, das Computerzeiten einschränkt und gleichzeitig andere Aktivitäten fördert. Beispielsweise könnte Frederik für eine Stunde Fußballspielen mit Freunden das Anrecht auf eine halbe Stunde Spielen am Rechner erwerben.

Ballerspiele & Co

Situation 2: Tizian (acht Jahre) bekommt Besuch von einem Klassenkameraden, der drei ältere Brüder hat. Die beiden Jungen spielen mit Ihrer Erlaubnis am Computer, der im Wohnzimmer steht. Alexander hat einige Spiele von zu Hause mitgebracht. Tizian und Alexander

Mit 1-2-3 verbotenen Baller-spielen den Stecker ziehen.

sind hochkonzentriert bei ihrer Beschäftigung. Als Sie im Vorbeigehen einen Blick auf den Bildschirm werfen, erkennen Sie, dass die Jungs ein blutrünstiges Ballerspiel eingelegt haben. Tizian weiß, dass Sie genau auf die Altersempfehlungen der Spielehersteller achten und solche Spiele nie erlauben würden. Darüber haben Sie schon bei verschiedenen Gelegenheiten gesprochen.

Ihr Ziel: Stopp-Verhalten beenden

Sie schauen Ihren Sohn an und sagen ruhig und bestimmt: »Tizian, hier ist die 1.« Tizian weiß, dass er das Spiel beenden muss. Fordern Sie ihn auf, Ihnen die Hülle zu zeigen, damit Sie nachlesen können, ab wie viel Jahren das Spiel freigegeben ist. Sollten die Jungs Ihrer Aufforderung ohne Widerstand Folge leisten, könnten Sie ein anderes Spiel aus Ihrem eigenen Familienbestand erlauben und die mitgebrachten Spiele einfach wegsperren, bis sich der Freund Ihres Sohnes auf den Heimweg macht. Falls Tizian bis zur 3 nicht einlenken sollte, schalten Sie den Computer aus. Sie können ihm die Wahl lassen, ob er die Auszeit in seinem Zimmer absolvieren will (sein Freund müsste auf ihn warten) oder ob er mit Alexander nach draußen gehen möchte.

Diskutieren: Immer diese Widerrede!

Nico (zwölf Jahre) hat vor zehn Minuten ein Eis gegessen. Eben will er ein weiteres Eis aus dem Gefrierschrank nehmen. Sie halten ihn zurück: »Unsere Regel lautet ›ein Eis pro Tag‹, Nico. Du hast dein Eis schon gegessen. Nimm dir einen Apfel, wenn du willst.« Nico blitzt Sie wütend an und äfft Sie nach: »Unsere Regel lautet ... Das ist deine Regel! So eine bescheuerte Regel würde ich mir nicht ausdenken!«

Ihr Ziel: Stopp-Verhalten beenden

Sie zählen Ihren Sohn aus: »Nico, hier kommt die 1.« Damit ist die Geschichte aber noch nicht zu Ende. Mit hochrotem Kopf wehrt sich Ihr Sohn: »Warum krieg' ich jetzt die 1? Hm? Warum? Bloß weil ich deine Regel angegriffen habe ...!« Weisen Sie Nicos

---

WICHTIG: KEINE DISKUSSIONEN BEI STOPP-VERHALTEN!

Inzwischen wissen Sie ja: Der Moment, in dem Sie Stopp-Verhalten unterbinden wollen, ist zweifellos einer der schlechtesten Zeitpunkte für eine Diskussion. Sie würde unweigerlich in einen Streit ausarten. Gespräche, auch solche über den Charakter und den Sinn von Familienregeln, sind wichtig, besonders wenn Kinder älter werden. Sie haben aber ihren Platz in Situationen, in denen die Gesprächsteilnehmer aufnahmefähig sind, bereit zum Zuhören und in der Lage, Argumente sachlich vorzutragen. Eine solche Situation können Sie im Familienrat (Seite 117) schaffen.

Dicke Luft und knallende Türen sind kein Mittel, die Auszeit zu umgehen.

Diskussionsversuch ungerührt zurück, indem Sie weiterzählen: »Hier ist die 2.« Bleiben Sie auch dann ruhig, wenn sich Nico weiter in seine Wut hineinsteigert und provokant weiterzählt: »Hier ist die 10! Hier ist die 12! Zählen kann ich auch!« Bei der 3 schicken Sie ihn in seine Auszeit. Möglicherweise wird Nico an dieser Stelle türenschlagend den Raum verlassen. Vielleicht wird er sich aber auch weigern zu gehen: »Bei 3 ab ins Zimmer, ja? Ich gehe aber nicht! Und was machst du jetzt?« In diesem Fall beenden Sie die Auseinandersetzung fürs Erste, indem Sie selbst den Schauplatz des Geschehens verlassen, ohne verbal oder auch nur durch einen ärgerlichen Blick auf seine Provokation zu reagieren.

Welche Schlüsse können Sie aus dieser Konfrontation ziehen? Erstens: Es ist höchste Zeit, einen Familienrat (Seite 117) ins Leben zu rufen. Nico setzt sich nicht bloß gegen Ihre Autorität zur Wehr. Er hinterfragt grundsätzlich die Gültigkeit der bestehenden Regeln. In den folgenden Jahren wird es immer wichtiger werden, Diskussionen zuzulassen und sie so anzuleiten, dass ein vernünftiger Meinungsaustausch und Verständnis für andere Positionen daraus erwachsen kann.

Zweitens: Die Wirksamkeit der 1-2-3-Formel in Nicos Erziehung geht (zumindest ihre offene Anwendung betreffend) ihrem Ende entgegen. In der Regel beginnen Kinder mit elf bis zwölf Jahren, etwa in der Zeit nach dem Schulübertritt, gegen das Auszählen zu opponieren. Mein Mann hat einmal versucht, eine unserer Töchter auszuzählen, als diese entgegen der Absprache ihren Rechner angeschaltet hatte. Sie war bereits 13. Dieser Versuch, eine »Kindermethode« anzuwenden, brachte die Situation zum Eskalieren. Das zeigte uns, dass im Alter von 13 Jahren die Zeit, in der das Auszählen als effektives pädagogisches Mittel eingesetzt werden kann, bei den meisten Kindern vorbei ist.

Eigensinn und Übermut: Hier droht Gefahr!

Der zweieinhalbjährige Ben ist unternehmungslustig und hat einen enormen Bewegungsdrang. Ben hilft gerne beim Kochen. Doch heute verhält er sich besonders eigensinnig und ungestüm. Er will nicht mit dem Kochlöffel umrühren, sondern mit dem Messer schneiden, und hat bereits einen Messbecher mit Milch umgestoßen. Alle Ihre Versuche, seinen überschießenden Eifer zu bremsen, scheitern. Am Ende können Sie gerade noch verhindern, dass Ben auf die heiße Herdplatte greift.

Ihr Ziel: Stopp-Verhalten beenden

Hier müssen Sie selbstverständlich eingreifen. Sie hätten Ben schon eher auszählen können, um ihm ein deutliches Signal zu geben, sich zurückzunehmen. Bevor größerer Schaden entsteht und Sie womöglich Brandblasen am Kinderhändchen verarzten müssen, können Sie ihm aber auch gleich die 3 zeigen und mit sofortiger Wirkung eine kurze Auszeit verhängen.

Für ein sehr kleines Kind ist ein entfernt liegendes Kinderzimmer möglicherweise nicht der geeignete Auszeitort. Bringen Sie den kleinen Rabauken besser nach nebenan, wo Sie ihn sehen oder hören können. Setzen Sie ihn auf die Couch oder auf eine Treppenstufe im Flur. Vielleicht reicht dieser Unterbrecher nicht aus, um ein quirliges Kleinkind zur Ruhe zu bringen. Sollte Ben an den Herd zurücksausen, befördern Sie ihn wortlos und mit sanftem Druck zurück in die Auszeitzone. Nach drei Minuten darf Ben wieder mithelfen. Notfalls wiederholen Sie die Prozedur und fangen erneut zu zählen an – entweder bei 1 oder im Fall einer gefährlichen Aktion, die Sie sofort unterbinden müssen, bei 3.

WICHTIG
Gefährliche Aktionen Ihres Kindes stoppen Sie, indem Sie nicht bei 1, sondern bei 3 zu zählen beginnen. Die Auszeit bringt das Kind aus der Gefahrenzone.

Einkaufen: Aufstand im Supermarkt

Sie befinden sich mit Emma (drei Jahre) im Supermarkt. Ihr Kind hat großen Spaß am Einkaufen. Es legt immer wieder Waren in den Einkaufswagen, die Sie gar nicht benötigen und genervt wieder in die Regale zurückräumen. Sie wissen, dass Emma ein Riesentheater machen wird, wenn Sie sie in den Kindersitz des Einkaufswagens setzen. Angesichts des vollen Ladens und der vielen Zuschauer bei der drohenden Szene entscheiden Sie sich, Emma weiter herumlaufen zu lassen.

Ihr Ziel: Start-Verhalten auslösen

Sie sagen: »Emma, du darfst mir helfen. Ich sage dir aber, welche Sachen wir brauchen. Die kannst du dann in den Wagen legen. Wenn du andere Dinge einlädst, zähle ich. Bei 3 setze ich dich in den Kindersitz.« Sie loben Emma, um das Start-Verhalten zu unterstützen, als Ihre Tochter folgsam das angeforderte Päckchen Butter aus der Kühltheke nimmt. Sie lächeln Emma zu und bedanken sich für ihre Hilfe. Mit konzentrierter Miene sucht Emma nun weiter nach den Waren, die Sie ihr nennen.

Hätte es nicht auch genutzt, Emma das Versprechen abzunehmen, nicht mehr eigenmächtig irgendwelche Artikel einzuladen? Nein, das hätte es sicher nicht! Lassen Sie sich nichts versprechen. Versprechen, die unter Druck eingefordert werden, sind nutzlos, beschweren jedoch die Problematik durch eine moralische Dimension. Mit einem Versprechen sind Verantwortung und Ehrlichkeit verbunden. Kleine Kinder sind damit überfordert.

In der oben beschriebenen Situation ist die elterliche Strategie aufgegangen. Emma hätte aber auch nach einer kurzen Phase des

Wohlverhaltens unversehens einen bunten Querschnitt aus dem Süßwarenregal einpacken können. In diesem Fall würden Sie die angekündigte Konsequenz unverzüglich in die Tat umsetzen.

Auszeit im Supermarkt

Situation 2: Lorenz (vier Jahre) begleitet Sie beim Einkaufen. Er fragt, ob er eine Tüte Gummibärchen haben darf. Sie erklären ihm freundlich, dass er nicht bei jedem Einkauf Süßigkeiten bekommen kann. Sie haben nämlich bemerkt, dass Sie Lorenz in den vergangenen Wochen die Einkaufstouren regelmäßig versüßt haben, und finden, dass es genug ist. Lorenz fragt hartnäckig weiter.

Ihr Ziel: Stopp-Verhalten beenden

Sie sagen: »Hier ist die 1.« Sie könnten Lorenz' Bitten zunächst ignorieren. Das ist in dieser Situation allerdings nicht zu empfehlen. Warten Sie nicht, bis aus den wiederholten Bitten Quengeleien und Wutausbrüche werden. Ein frühes Signal Ihrerseits ist insbesondere deshalb angezeigt, weil Lorenz nach den vergangenen Einkäufen erwartet, Süßigkeiten zu bekommen. Ohne klare Konsequenz Ihrerseits wird er sich nicht zufriedengeben.

Wenn Sie die Erfahrung gemacht haben, dass Lorenz zu Hause auf das Auszählen kooperativ reagiert und in der Regel spätestens bei 2 einlenkt, können Sie erwarten, dass es im Supermarkt ebenso laufen wird. Was aber, wenn er das nicht tut? Wo ist in diesem Fall der Auszeitraum?

> Sie können Lorenz die Auszeit im Auto verbringen lassen. Lassen Sie den Einkaufswagen stehen, bringen Sie Lorenz zum Parkplatz, setzen Sie ihn in seinen Kindersitz und schnallen Sie ihn an. Dann warten Sie ruhig neben dem Auto, bis die Auszeit vorüber ist. Anschließend setzen Sie Ihren Einkauf fort.

> Die Alternative: Brechen Sie den Einkauf ab und fahren Sie kommentarlos mit Lorenz nach Hause, nachdem Sie bis 3 gezählt haben. Das wird zwar Ihre Tagesplanung durcheinanderbringen, Ihrem Sohn aber nachhaltig imponieren. Sie werden eine derart drastische Maßnahme wahrscheinlich nicht noch einmal ergreifen müssen.

TIPP

Lassen Sie sich nicht aus Angst vor den Reaktionen Ihrer Kinder zu bestimmten Verhaltensweisen drängen, mit denen Sie sich nicht wohlfühlen. Sie können die brüllende Emma auch in den Wagen setzen und ihren Protest auszählen.

Fernsehen: Die Flimmerkiste läuft und läuft

Sie arbeiten im Garten. Robin (sieben Jahre) und Mia (fünf Jahre) dürfen einen 20-minütigen Zeichentrickfilm ansehen. Nach der Sendung sollen sie den Fernseher ausschalten. Als Sie wieder ins Haus kommen, sitzen die beiden noch immer vor dem Bildschirm und schauen sich die nächste Kinderserie an.

Ihr Ziel: Stopp-Verhalten beenden

Verkneifen Sie sich bittere Vorwürfe (»Jetzt sehe ich, wie gut ich mich auf euch verlassen kann!«) und heben Sie einfach den Daumen: »Hier kommt die 1.« Sollten die Kinder anfangen zu jammern (»Mama, bitte, der Film geht nur noch zehn Minuten! Wir haben ihn doch sowieso schon angefangen ...«), erhöhen Sie auf 2, falls nötig auf 3, und verhängen in diesem Fall eine Auszeit.

EIN AUSGLEICH IN MINUTEN MUSS NICHT SEIN

Schaffen Sie keinen minutengenauen Ausgleich. Die Idee einer exakten Berechnung klingt zwar höchst korrekt, hat sich aber im Alltag als zu kompliziert erwiesen. Sie müssten Buch führen. Das macht Mühe und behindert eine schnelle Reaktion. Die Gefahr ist groß, dass sich an Ihren Berechnungen aufreibende Diskussionen zwischen Ihnen und den Kindern entzünden. Deshalb weichen Sie auf eine einfache Regel aus: Überziehen der Fernsehzeit an einem Tag bedeutet kein Fernsehen am nächsten Tag! Diese Konsequenz sollten Sie Ihren Kindern natürlich mitteilen, bevor Sie sie zum ersten Mal einsetzen.

Ihr Ziel: Start-Verhalten auslösen

Da sich die gleiche Geschichte jederzeit wieder ereignen kann – Fernsehen hat einen hohen Suchtfaktor –, ist es mit dem Auszählen allein nicht getan. Stellen Sie beim nächsten Mal den Kurzzeitmesser auf das Ende der erlaubten Sendung ein. Das Klingeln sollte die Kinder aus ihrer Fernseh-Lethargie reißen. Wenn sie trotzdem weiterschauen, setzen Sie eine logische Folge ein: Die Kinder haben heute ihre Fernsehzeit überzogen. Damit verlieren sie die Erlaubnis, am Folgetag fernzusehen. Der Fernseher bleibt aus.

Verbotene Filme

Situation 2: Es ist Sonntagnachmittag. Ihre Töchter Vanessa (neun Jahre) und Antonia

TV-Regelung missachtet? In diesem Fall hilft nur Um- oder Ausschalten!

(acht Jahre) haben die Erlaubnis, einen Kinderfilm zu sehen. Sie haben gemeinsam die Kurzbeschreibung in der Fernsehzeitung gelesen. Der Film ist ab sechs Jahren empfohlen. Als Sie nach einer Weile ins Wohnzimmer schauen, sehen Sie, dass die Mädchen umgeschaltet haben: Auf dem anderen Programm läuft ein Actionkrimi, der im Rotlichtmilieu angesiedelt ist. Vanessa und Antonia verfolgen gerade gebannt, wie eine Prostituierte von ihrem Freier geschlagen wird.

Ihr Ziel: Stopp-Verhalten beenden

»Hier ist die 1 für euch beide, Mädels!« Wie Sie weiter verfahren wollen, hängt davon ab, für wie gravierend Sie den Verstoß gegen die Absprache halten. Können Sie es akzeptieren, dass die Kinder neugierig sind und umgeschaltet haben? Dann schalten Sie einfach auf den Kinderfilm zurück. Sie können auch direkt bei 3 ansetzen und eine Auszeit verhängen, wenn Sie finden, dass die Eindrücke, die der Krimi bei den Mädchen hinterlässt, sofort unterbunden werden sollten. Die Kinder hätten dann ein paar Minuten Zeit, über ihr Fehlverhalten nachzudenken.

Geschwister: Kinder, vertragt euch doch!

Franzi (**neun Jahre**) und Jakob (**acht Jahre**) treten bei einem Wettkampf auf der Spielkonsole gegeneinander an. Sie hören die beiden im Nebenzimmer lachen, während Sie die Wäsche zusammenlegen. Plötzlich kracht es und schon ist es vorbei mit der Heiterkeit. Statt Gelächter ertönt nun wütendes Geschrei. Schimpfwörter fallen, von denen Sie nicht mal wussten, dass Ihre Kinder sie kennen.

Ihr Ziel: Stopp-Verhalten beenden

Öffnen Sie die Tür zum Nebenzimmer und beginnen Sie, die beiden Streithähne auszuzählen. Was Sie dagegen nicht tun sollten: Fragen, wie es zu dem Streit gekommen ist. Denn damit würden Sie nur einen beiderseitigen Wortschwall und gegenseitige Beschuldigungen auslösen. Mischen Sie sich in den Inhalt des Streits daher besser nicht ein.

Indem Sie zu zählen beginnen, zeigen Sie Ihren Kindern, dass Sie die Art und Weise, wie der Konflikt ausgefochten wird, nicht akzeptieren. Sie stellen sich durch Ihr Eingreifen weder auf Franzis noch auf Jakobs Seite, sondern Sie mahnen ganz neutral einen anderen Umgangston an. Sollten die Kinder Ihr Einschreiten dennoch ignorieren und ihren Streit fortsetzen, zählen Sie unbeirrt weiter. Wenn Sie bei 3 angelangt sind, müssen die beiden ihr gemeinsames Spiel beenden und an getrennten Auszeitorten abkühlen.

TIPP: **Clevere Zurückhaltung**

Greifen Sie in einen Streit Ihrer Kinder nur dann ein, wenn unfaire Mittel eingesetzt werden (beißen, mit Gegenständen hauen, heftige verbale Beleidigungen), wenn Blut fließt oder Ihre Einrichtung zu Bruch zu gehen droht. Ansonsten können Sie Ihre Kinder bitten, ihren Streit im Kinderzimmer oder im Garten auszutragen, wo Sie den Lärm nicht hören müssen. Eine solche Aufforderung kann die Situation manchmal schon halbwegs entschärfen.

Kommen wir auf das Krachen zurück, das Sie gehört haben. Möglicherweise entdecken Sie, dass das Gerät Schaden genommen hat. Versuchen Sie auch in diesem Fall, Ruhe zu bewahren. Arbeiten Sie (auch wenn Sie es erst mal nicht schaffen sollten, den Wutschrei zu unterdrücken) mit logischen Folgen. Zum Beispiel: Sperren Sie die Spielkonsole nach der Reparatur für eine gewisse Zeit weg. Beteiligen Sie die Kinder über eine Taschengeldkürzung an den Reparaturkosten.

TIPP: Machen Sie ruhig mal die Ohren dicht!

Wenn es nicht allzu hoch hergeht, können Sie die Streitigkeiten Ihrer Kinder auch mal ignorieren. Sie müssen nicht in jedem Fall reagieren und schon gar nicht jedes Mal dazwischengehen. Gerade wenn Sie sich nicht im gleichen Raum aufhalten, bietet es sich an, die Ohren einfach auf Durchzug zu stellen.

Gefährliche Rangelei

Situation 2: Jonathan (vier Jahre) und seine kleine Schwester Amelie (elf Monate) spielen im Planschbecken. Jonathan schöpft Wasser mit einem Plastikkran. Amelie spielt mit ihrem Entchen, bis ihr das zu langweilig wird und sie nach Jonathans Kran greift. Jonathan verteidigt sein Spielzeug, aber Amelie lässt nicht locker. Da stößt Jonathan seine Schwester um. Sie liegt auf dem Rücken, die Nase unter Wasser, und strampelt mit den Beinen.

Ihr Ziel: Stopp-Verhalten beenden

Klar, dass Sie hier sofort eingreifen müssen. Jonathan kann die Gefährlichkeit der Situation für seine kleine Schwester noch nicht einschätzen. Aber er muss lernen, dass er sich im Streit mit Amelie nicht zu heftig gebärden darf. Heben Sie Amelie aus dem Becken, damit sie Luft holen kann, während Sie Jonathan sofort die 3 zeigen: Auch er muss aus dem Planschbecken kommen. Hängen Sie ihm ein Handtuch um und schicken Sie ihn für vier bis fünf Minuten in sein Zimmer. Während der Auszeit beruhigen Sie Amelie. Dann holen Sie Ihren Sohn wieder nach draußen und erklären ihm, dass sehr kleine Kinder wie Amelie sogar im seichten Wasser ertrinken können. Bitten Sie Jonathan, Amelie nur ganz vorsichtig abzuwehren, wenn sie ihm sein Spielzeug wegnehmen will. Wenn er das verstanden hat, dürfen die Kinder wieder zurück ins Planschbecken.

WICHTIG: AUF KEINEN FALL PARTEI ERGREIFEN!

Alle Geschwister lieben und hassen einander. Sie lernen eine Menge über soziale Beziehungen, indem sie miteinander streiten und kämpfen. Erfahrungsgemäß ist es sehr schwer für Eltern, diesen Lernprozess auszuhalten, wenn sie den Eindruck haben, dass immer wieder ein Geschwisterkind unter dem oder den anderen leidet. Bedenken Sie jedoch, wie sehr Sie das Verhältnis der Geschwister in Schieflage bringen, wenn Sie für eines Ihrer Kinder Partei ergreifen. Sie würden die Außenseiterposition des augenblicklich benachteiligten Kindes damit ungewollt stützen, statt sie zu mindern. Außerdem können Sie sicher sein, dass Sie nicht alles mitbekommen, was zwischen Ihren Kindern abläuft. Wer weiß, vielleicht setzen Sie sich gerade für das »falsche« Kind ein?

Dauerkämpfe ohne Ende

Situation 3: Anton (zehn Jahre), Johanna (acht Jahre) und Paul (sechs Jahre) zanken sich unablässig. Die Streitereien der Kinder sind das allgegenwärtige Hintergrundgeräusch Ihres Familienalltags. Immer wieder versuchen die Kinder, Sie in ihre Streitigkeiten hineinzuziehen – »Mama, er hat ...«, »Papa, sie hat ...« – und fordern Ihr Votum als Richter. Manchmal finden Sie das unerträglich und sind nur noch genervt. Manchmal mischen Sie sich auch wütend ein, damit endlich Ruhe herrscht.

Ihr Ziel: Stopp-Verhalten beenden

Zählen Sie Ihre Kinder konsequent aus, sofern sie sich bei ihrem Streit im selben Zimmer befinden. Wenn die Streitigkeiten überhandnehmen, dürfen Sie sie nicht übergehen. Fahnden Sie jedoch nicht nach dem Schuldigen in der Streitsituation, sondern behandeln Sie alle Kinder gleich. Sprechen Sie auch nach der Auszeit – die für alle Kinder gleich lang dauern sollte – nicht über die Auslöser der Kämpfe. Sagen Sie den Kindern: »Ich bin sicher, ihr könnt das lösen.«

Viele Geschwisterstreitigkeiten drehen sich in Wahrheit nicht um einen Konflikt, den die Kinder untereinander haben, sondern um die Aufmerksamkeit der Eltern. Sobald Sie sich einmischen, verstärken Sie dieses Verhalten. Zeigen Sie Ihren Kindern, dass Sie sich von ihren Kapriolen nicht beeindrucken lassen. Sollten die Kinder sich nicht nur mit Worten streiten, sondern auch prügeln, treten, an den Haaren ziehen, verlängern Sie die Auszeit: »Hier kommt die 3 – acht Minuten Auszeit für alle und nochmals sieben Minuten für die Prügelei im Wohnzimmer!«

Ihr Ziel: Start-Verhalten auslösen

Parallel zu diesen Akutmaßnahmen können Sie eine Klimaverbesserung unter den Geschwistern erreichen, indem Sie Start-Verhalten anregen. Da es in diesem Fall immer um Dinge geht, die Ihre Kinder tun sollen, hilft es nicht viel, ihnen zu sagen, was sie unterlassen sollen. Mit der Aufforderung, nicht zu streiten, werden Sie kaum weiterkommen. Auch die Bitte, anstatt zu kämpfen freundlicher miteinander umzugehen, wird keine tief-

Auch ein Weg, wie man Mamas und Papas Aufmerksamkeit gewinnen kann …

TIPP

Lassen Sie jedes Ihrer Kinder wissen, dass Sie es lieb haben. Damit schaffen Sie eine Grundlage, auf der Ihre Kinder sich besser verstehen und friedlicher miteinander umgehen können.

greifenden Veränderungen bewirken. Sie müssen mit den Kindern an den Voraussetzungen zu einer friedlicheren Geschwisterbeziehung arbeiten.

Geben Sie den Kindern behutsame Anregungen, ihre Geschwister in einem freundlichen Licht zu sehen. Streitigkeiten entstehen in Sekundenschnelle, wenn ein Kind das andere nur als »nervenden Zwerg« oder »zickige Angeberin« wahrnimmt. Völlig kontraproduktiv wäre es, Vorträge über die Vorzüge von Bruder oder Schwester zu halten. Stellen Sie stattdessen in einer entspannten Situation Fragen nach den guten Seiten des Geschwisterkindes: »Was magst du denn an deiner Schwester (deinem Bruder)?« – »Was hat sie (er) heute Nettes für dich getan?«. Auch hier kann der Familienrat hilfreich sein. Durch die Einführung einer Ermutigungsrunde (Seite 120) können Sie die Wahrnehmung positiver Eigenschaften fördern und ritualisieren.

Wecken Sie Verständnis für die Probleme eines Geschwisterkindes. Erwähnen Sie (ohne das betreffende Kind zu blamieren!), wenn der Bruder es in der Schule gerade nicht leicht oder die Schwester Kummer mit der besten Freundin hat. Es fällt einem bedeutend schwerer zu streiten, wenn Dankbarkeit oder Mitgefühl überwiegen.

GESCHWISTERSTREIT IST GANZ NORMAL

Geschwister befinden sich in einer permanenten Konkurrenzsituation. Sie kämpfen um die ersten Plätze beim Spiel (Wer ist der Schnellste? Wer gewinnt beim Mensch-ärgere-dich-nicht?). Sie konkurrieren um die besten Ergebnisse in Schule und Sport (Wer hat die besten Noten? Wer schießt die meisten Tore?). Sie streiten um den Platz auf Mamas Schoß und die längste Redezeit bei Tisch. Das ist ein wertvolles Lernfeld, ein Training in Sozialkompetenz, Geduld und Großzügigkeit, wenn auch anspruchsvoll und nicht immer angenehm. Genießen Sie es, wenn Harmonie herrscht, aber lassen Sie auch Streitigkeiten zu. Sie gehören zum ganz normalen Alltag von Geschwistern.

Gespräche: Unterbrechen ohne Rücksicht

Sie haben Besuch von Freunden. Die Erwachsenen sitzen im Wohnzimmer und unterhalten sich. Ihr fünfjähriger Sohn Luis kommt herein und bittet Sie, ein Spielzeugauto vom Speicher zu holen. »Nicht jetzt, Luis«, antworten Sie. »Es wird ein bisschen dauern, bis wir das Auto in den Kisten gefunden haben. Marc und Sonja können nicht mehr lange bleiben. Wir beide gehen auf den Speicher, nachdem wir uns von unserem Besuch verabschiedet haben.« Luis bleibt hartnäckig: »Ich will das Auto aber jetzt!« Sie ignorieren den Einwand und fahren im Gespräch fort. Da stampft Luis mit dem Fuß auf und schreit: »Sofort!«

Ihr Ziel: Stopp-Verhalten beenden

Sie schauen Luis an und sagen fest: »Luis, hier ist die 1.« Vermutlich werden Sie mindestens einen Schritt weiterzählen, ihn vielleicht sogar in die Auszeit schicken müssen. Sie sind erst spät eingeschritten. Schon als Ihr Sohn das erste Mal auf prompte Wunscherfüllung beharrte, hätten Sie reagieren können. Möglicherweise haben Sie gezögert, weil Sie die verwunderten Blicke Ihrer Gäste scheuten.

Besuche sind für die meisten Eltern ein heikles Kapitel. Es kostet Überwindung, die 1-2-3-Methode vor Publikum einzusetzen – besonders wenn das Publikum zu Hause »in der ersten Reihe« sitzt und Kommentare noch wahrscheinlicher sind als bei Passanten in der Öffentlichkeit. Sie sollten aber unbeirrt an der Anwendung der Methode festhalten, sonst werden Ihre Kinder vermutlich ihre Chance nutzen und sich gerade dann danebenbenehmen, wenn Sie Gäste haben.

Hausaufgaben: Das Schreckgespenst des Nachmittags

Ihre siebenjährige Tochter Ronja ist ein lebhaftes Kind mit großem Bewegungsdrang. Hausaufgaben empfindet sie als unerfreuliche Einschränkung ihrer Spielzeit – schließlich muss sie den ganzen Schulvormittag stillsitzen. Jetzt ist es Viertel nach zwei. Wie jeden Tag sollte Ronja von zwei Uhr an Hausaufgaben machen. Als Sie zu ihrem Arbeitstisch kommen, um nachzusehen, was Ronja in der vergangenen Viertelstunde geschrieben hat, sehen Sie, dass sie noch kein Wort zu Papier gebracht, dafür ihren Bleistift schon ganz klein gespitzt hat.

Ihr Ziel: Start-Verhalten auslösen

Hier könnten Sie auf die Idee kommen, es läge ein Stopp-Verhalten vor, das sich auszählen ließe. Was hätten Sie allerdings gewonnen, wenn Ronja vom Bleistiftspitzen abließe? Ihrem Ziel, der Erledigung der Hausaufgaben, wären Sie damit nicht nähergekommen. Ihre Aufgabe ist es also, Ronjas Motivation zu wecken beziehungsweise zu verstärken. Eine erste wichtige Arbeitsvoraussetzung haben Sie bereits erfüllt: Sie haben Ronja eine feste Hausaufgabenzeit gegeben. Hausaufgaben sollten eine Routineangelegenheit sein und möglichst immer zur gleichen Zeit und am gleichen Ort erledigt werden. Da es sich für Ronja aber um eine ungeliebte Routine handelt, reicht diese Grundlage allein nicht aus, um sie zu motivieren. Gerade jüngere Schüler in der ersten und zweiten Klasse brauchen als Ansporn kurzfristige und häufige Erfolge.

> Schritt 1: Teilen Sie die Hausaufgaben vorab gemeinsam in kleine Abschnitte ein. Die Abschnitte dürfen sehr klein sein, beispielsweise drei Rechenaufgaben.

> Schritt 2: Fertigen Sie einen Plan an. Ronja darf jeden Abschnitt mit einem knalligen Filzstift abhaken, wenn er erledigt ist.
> Schritt 3: Nach der Maßgabe »Kleine Kinder häufig, ältere Kinder seltener loben« schauen Sie Ronja etwa alle fünf Minuten über die Schulter und machen eine ermutigende Bemerkung.

Sie können auch den Kurzzeitmesser einsetzen und Ronja »gegen das Ticken des Weckers« schreiben oder rechnen lassen.

Die Fünf-Punkte-Tabelle

Situation 2: Larissa (zehn Jahre) besucht die vierte Klasse. Hausaufgaben bereiten ihr keine echten Probleme, aber sie hat viele Interessen, spannende Bücher, in denen sie zur Hausaufgabenzeit heimlich liest, und Freunde, die ihre Hausaufgaben abends machen dürfen und um drei Uhr klingeln, um Larissa zum Spielen abzuholen. Oft entbrennen nachmittags Streitigkeiten zwischen Ihnen und Larissa, die die Abneigung Ihrer Tochter gegenüber Hausaufgaben noch zu verstärken scheinen.

Ihr Ziel: Start-Verhalten auslösen

Sie haben gute Chancen, das Problem mithilfe einer Tabelle zu lösen. Tabellen entschärfen das Klima, weil sie Schwierigkeiten objektivieren und persönliche Auseinandersetzungen vermeiden. Ich möchte Ihnen dazu eine Möglichkeit ans Herz legen, die ich selber mit meiner Tochter am Ende der Grundschulzeit ausprobiert habe und für die ich Thomas Phelan, dem Begründer der 1-2-3-Methode (Seite 25 und 123), noch heute dankbar bin. Sie arbeiten mit einem Fünf-Punkte-System. An einem Nachmittag kann sich Ihr Kind je einen Punkt in fünf verschiedenen Kategorien (siehe Kasten rechts) verdienen.

Hierbei ist es wichtig, dass Ihr Kind bereits in der Lage ist, die Hausaufgaben allein zu erledigen. Gerade der Punkt »von selbst damit begonnen« markiert den Schritt in die Selbstständigkeit. Das bedeutet nicht, dass Ihr Kind nicht hin und wieder Verständnisfragen stellen dürfte! Wenn das Kind mit den Hausaufgaben fertig ist, legt es Ihnen seine Hefte vor und Sie vergeben die Punkte. Bei diesem System führen Sie Buch über die täglich gesammelten Punkte

FÜNF KATEGORIEN

In diesen Kategorien kann Ihr Kind Punkte sammeln:
> übersichtlich und sauber erledigt
> ohne Fehler erledigt
> sorgfältig bearbeitet
> gemacht, ohne zu meckern
> von selbst damit begonnen

Eine Fünf-Punkte-Tabelle zum Kopieren finden Sie im Folder am Ende dieses Buches.

und besprechen mit Ihrem Kind, was Sie unternehmen werden, wenn eine gewisse Anzahl Punkte (beispielsweise 25) zusammengekommen ist. Vielleicht gehen Sie ins Schwimmbad oder backen zusammen Pizza? So bekommt Larissa neuen Ansporn.

Machtkämpfe und Rachefeldzüge

Situation 3: Die Familienatmosphäre hat sich seit einigen Monaten zunehmend verschlechtert. Clemens (elf Jahre) wirft Ihnen immer wieder vor, ihn auf Schritt und Tritt zu kontrollieren. Sie haben das Gefühl, Clemens' Verhalten nicht mehr einschätzen zu können, und reagieren mit Sorge und Misstrauen, sobald er seine Zimmertür hinter sich schließt oder das Haus verlässt. Clemens' Schulnoten sacken ab. Sie verlangen, täglich seine Hausaufgaben zu sehen. Clemens will sie Ihnen nicht zeigen. Sie vermuten, dass er sie nur unzureichend oder gar nicht macht.

Ihr Ziel: Start-Verhalten auslösen

Sie wollen Clemens dazu bringen, seine Hausaufgaben ordentlich zu erledigen. Aber die nicht gemachten Hausaufgaben sind nicht

---

TIPP: Hilfe bei Lern- und Konzentrationsstörungen

Was für jüngere Kindern zum Einüben von Hausaufgabenroutinen als hilfreich gilt, ist bei Kindern mit AD(H)S und anderen Lern- und Konzentrationsstörungen unverzichtbar.

> Erstellen Sie einen Arbeitsplan, bevor das Kind mit den Hausaufgaben beginnt.
> Weichen Sie nicht von der gleichbleibenden Struktur ab. Wichtig sind eine klar festgelegte Zeit und ein aufgeräumter, reizarmer Ort. Das Kind sollte bei der Erledigung seiner Hausaufgaben einer bestimmten Reihenfolge folgen: das Schwierige zuerst, einfache

Aufgaben (die auch bei abnehmender Konzentration noch bewältigt werden können) danach. Ein Kind, das Schwierigkeiten im Fach Mathematik hat, sollte also stets zuerst rechnen.

> Unterstützen Sie Ihr Kind bei der Organisation seiner Schulangelegenheiten: Üben Sie mit ihm, die Schultasche nach Erledigung der Hausaufgaben zu packen. Zeigen Sie ihm, wie man ein Hausaufgabenheft sinnvoll führt.
> Und vor allem: Geben Sie viele lobende Rückmeldungen!

das Problem. Sie sind lediglich das Symptom Ihrer Beziehungsproblematik. Die Pubertät wirft ihre Schatten voraus. Clemens empfindet neuerdings Fürsorge als Kontrolle, die er abschütteln will. Er fühlt sich gegängelt, möchte aber selbstbestimmt handeln. Das zeigt sich bei den Hausaufgaben. Er will selbst entscheiden, wann, wie und ob er sie erledigt. Diesen Machtkampf können Sie nicht gewinnen. Akzeptieren Sie, dass Clemens älter wird. Mit dem Alter Ihrer Kinder müssen sich notwendigerweise auch die Ihre Erziehungsmethoden ändern. Gehen Sie auf Clemens' Wünsche ein, räumen Sie ihm Wahlmöglichkeiten ein

Vertrauen ist gut, Kontrolle hingegen unerwünscht: Pubertierende wollen selbstbestimmt handeln.

(»Willst du vielleicht lieber Papa die Hausaufgaben zeigen statt mir?«) und machen Sie gleichzeitig deutlich, wo Ihre Position nicht verhandelbar ist (eine kurze Hausaufgabenkontrolle findet auf jeden Fall statt). Übertragen Sie Clemens schrittweise mehr Verantwortung und freuen Sie sich über seine gesunde Entwicklung zu mehr Unabhängigkeit.

Sollte Ihnen das nicht gelingen, wird sich die Situation wahrscheinlich verschärfen. Aus dem Machtkampf wird ein Rachefeldzug. Clemens weiß, wie wichtig Ihnen das Thema Schule und Hausaufgaben ist, und versucht, Sie zu treffen, indem er die Hausaufgaben nicht macht und damit in der Schule schlechter wird. In diesem Fall informieren Sie den Lehrer über die festgefahrene häusliche Situation, bitten um Verständnis und erklären Ihren zeitweiligen Rückzug von der Unterstützung der Schularbeiten. Sprechen Sie das Thema Schule und Hausaufgaben für eine Woche überhaupt nicht an. (Das ist schwer, aber zu schaffen!) Finden Sie stattdessen unbelastete Bereiche, in denen Sie sich Ihrem Kind wieder annähern können. Entdecken Sie Gelegenheiten, bei denen Sie Clemens loben können. Laden Sie ihn ins Kino oder zu einer Fahrradtour ein, damit Sie mal wieder gemeinsam Spaß haben. Wenn Ihre Beziehung wieder funktioniert, werden auch die Hausaufgaben kein Problem mehr sein!

Die Ausnahme: Hilfe bei den Hausaufgaben

Situation 4: Rebecca (elf Jahre) hat einen Lehrerwechsel nicht gut verkraftet. Sie trauert ihrer früheren Lehrerin nach, bei der sie selbstständig arbeitete und gute Noten hatte. Hausaufgaben erledigt sie nur noch äußerst widerwillig.

Ihr Ziel: Start-Verhalten auslösen

Rebecca hat ihr Selbstvertrauen verloren und glaubt nicht mehr daran, eine gute Schülerin zu sein. Jetzt folgt ein Ratschlag, bei dem einige Pädagogen sicherlich die Hände über dem Kopf zusammenschlagen werden: Machen Sie die Hausaufgaben gemeinsam mit Rebecca. Rechnen Sie mit ihr. Helfen Sie ihr, geographische Karten zu zeichnen. Formulieren Sie ihren Aufsatz. Tun Sie das so lange, bis Rebecca ein bis zwei gute Noten erhält. Dann sagen Sie: »Siehst du, ich wusste es!« und wuscheln ihr durch die Haare. Mit erstarktem Selbstbewusstsein wird Rebecca ihre Hausaufgaben wieder allein erledigen. Und Sie fahren Ihre Mitarbeit zurück.

Hausaufgaben und natürliche Folgen

Situation 5: Sascha ist zehn Jahre alt. Schularbeiten fallen ihm im Allgemeinen leicht. Er hat gute Zeugnisse und benötigt wenig Zeit, um seine Hausaufgaben zu erledigen. In dieser Woche beobachten Sie, dass Sascha nachmittags gar nichts tut. Auf Ihre Frage, ob er denn keine Hausaufgaben machen müsse, antwortet er lapidar: »Keine Lust!« oder »Das ist sowieso ganz einfach.«

Ihr Ziel: Start-Verhalten auslösen

Tun Sie auch nichts! Lassen Sie den Dingen ihren Lauf. Da Sascha ein guter Schüler ist, können Sie mit dieser Gelassenheit vorgehen. Wenn Ihr Sohn die Erfahrung macht, dass auch er es sich nicht leisten kann, Hausaufgaben zu ignorieren, wird er seine Arbeit voraussichtlich wieder aufnehmen. Sollte dieser Plan nicht funktionieren, arbeiten Sie mit logischen Folgen: Verordnen Sie feste Schularbeitszeiten, in denen er sich nicht verabreden oder fernsehen darf. Erst nach einer Kurzkontrolle, die zeigt, ob er seinen Pflichten nachgekommen ist, darf er seine Zeit frei einteilen.

WICHTIG
Hausaufgaben sind eine komplexe und mühevolle Angelegenheit. Versuchen Sie daher nicht, die dazu nötige Disziplin durch Auszählen einzufordern. Ihre Bemühungen wären zum Scheitern verurteilt. Hier eignen sich nur Maßnahmen, die Start-Verhalten des Kindes stärken.

Haustiere:
Und wer versorgt sie?

Lukas (zehn Jahre) wünscht sich einen Terrier. Er verspricht hoch und heilig, täglich mit dem Hund Gassi zu gehen, ihn zu füttern und ihn zum Tierarzt zu bringen. Schließlich willigen Sie ein. Lukas ist Ihr einziges Kind. Ein Haustier ist nicht unbedingt Ihr Traum, aber Sie halten es für pädagogisch sinnvoll, dass Lukas sich um ein Tier kümmert und wenn schon keine Geschwister, so doch einen vierbeinigen Freund zu Hause hat. Etwa zwei Monate lang ist Terrier Justy für Lukas die unangefochtene Nummer eins. Danach erlahmt sein Eifer merklich. Er muss immer wieder an seine Pflichten rund um die Tierpflege erinnert werden und geht lieber Fußball spielen als mit Justy spazieren.

Ihr Ziel: Start-Verhalten auslösen

Da hilft kein Auszählen. Lukas muss dazu motiviert werden, auch für Justy zu sorgen, nachdem der Reiz des Neuen verflogen ist. Ein Plan an der Küchentür scheint nicht die ideale Maßnahme zu sein, da Justys Versorgung jeden Tag routinemäßig erfolgen sollte. Er wäre nur dann hilfreich, wenn Sie sich die Arbeit mit Lukas teilen würden. (Was durchaus eine Überlegung wert wäre.) Arbeiten Sie mit Konsequenzen. Natürliche Folgen scheiden im Interesse des Tieres und Ihrer Teppiche aus; Sie können sich also nicht völlig zurückziehen und den Dingen ihren Lauf lassen. Setzen Sie stattdessen logische Folgen ein. Lukas kann sich erst mit seinen Freunden auf dem Fußballplatz treffen, wenn er mit Justy eine Runde gelaufen ist. Sollte er seinen Pflichten nicht nachkommen, übernehmen Sie den Job und stellen ihm Ihre Leistungen in Rechnung. Sein Taschengeld wird dann knapper ausfallen.

WICHTIG
Erlauben Sie Ihrem Kind nur dann ein Haustier, wenn Sie bereit sind, auch selbst für das Tier zu sorgen – und das wird unweigerlich auf Sie zukommen. Ein Kind kann sich noch nicht alleinverantwortlich um ein Haustier kümmern. Es muss erst lernen, Verantwortung zu übernehmen.

Instrument üben: Keine Lust!

Ihr Sohn Sebastian (zehn Jahre) hatte den Wunsch geäußert, Klavier spielen zu lernen. Sie haben ein Leihklavier gemietet und ihn in einer Musikschule angemeldet, wo er wöchentlich eine Stunde Unterricht nimmt. Einen Monat lang hat Sebastian täglich freiwillig geübt. Nun ist sein Eifer erlahmt. Sie müssen ihn jeden Tag erinnern, bitten, zwingen. Der Effekt ist kläglich: Sebastian übt widerwillig für höchstens zehn Minuten, dann steht er auf und geht.

Ihr Ziel: Start-Verhalten auslösen

Am besten begegnen Sie Sebastians Motivationslosigkeit auf mehreren Ebenen:

> Lassen Sie seiner Verweigerung erstens Konsequenzen folgen. Erklären Sie ihm: »Eine Musikstunde, für die du nicht geübt hast, bringt nicht sehr viel. Ich bin nicht bereit, sie komplett zu bezahlen. Ich werde dich deshalb an den Kosten beteiligen. Wenn du bereit bist, jeden Tag eine Viertelstunde zu üben, halte ich das für angemessen und werde die Klavierstunden wieder übernehmen.«

> Bauen Sie ihm zweitens Brücken zum regelmäßigen Üben. Schlagen Sie ihm einen Routineplan vor (Gewohnheit kann Motivation stellenweise ersetzen!): »Sebastian, was hältst du davon, wenn du jeden Abend Klavier spielst, während ich das Essen vorbereite? Mit Musik würde es mir mehr Spaß machen, den Tisch zu decken, und du hättest eine feste Übungszeit, zu der du sowieso zu Hause sein musst, weil es Essen gibt.«

> Drittens: Sparen Sie nicht mit Lob!

TIPP

Erlauben Sie Ihrem Kind, verschiedene Hobbys wie Blockflöte, Keyboard, Judo oder Tennis zu testen. Instrumente, Unterricht und Sportausrüstung kosten allerdings Geld. Vereinbaren Sie daher eine Zeitspanne, in der sich Ihr Kind für das Hobby verpflichtet. Danach darf es neu entscheiden.

Jammern und weinen: Aus geringstem Anlass

Antonia (fünf Jahre) ist ein fröhliches, abenteuerlustiges Kind – solange sie sich beim Spielen nicht den Ellbogen anstößt, einen Kratzer holt oder das Knie aufschürft. Ihr Jammern und Wehklagen nach einem solchen Unfall bringt Sie jedes Mal fast dazu, mit Ihrem Kind sofort die Notaufnahme aufzusuchen.

Ihr Ziel: Stopp-Verhalten beenden

Wenn ein Kind hinfällt und sich wehtut, ist es als Erstes natürlich angebracht, es zu trösten. Zurückhaltung ist aber geboten, wenn das Kind übertrieben wehleidig reagiert. Wenn Antonia also wieder laut zu weinen beginnt, vergewissern Sie sich zunächst, dass es sich nur um eine unbedeutende Schramme handelt und Ihre Tochter den Schmerz ohne lautes Wehklagen aushalten könnte. Dann heben Sie den Daumen und sagen: »Antonia, hier kommt die 1.« Vermutlich wird Antonia ihre Lautstärke steigern, wenn Sie zum ersten Mal so reagieren. Zählen Sie gelassen weiter. Rechnen Sie damit, dieses Verfahren wiederholen zu müssen, bis Antonia ihre dramatischen Auftritte einstellt. Sie tun Ihrem Kind mit der Unterstützung seines übertriebenen Verhaltens keinen Gefallen. Natürlich genießt es Antonia, getröstet und gehätschelt zu werden, wenn sie hingefallen ist. Aber spätestens in der Schule werden die Hänseleien ihrer Mitschüler sie mehr schmerzen als ein kleiner Kratzer.

HEULBOJEN-ALARM – VON ELTERN AUSGELÖST

Wenn Ihr Kind bei Miniunfällen zu Überreaktionen neigt, gestehen Sie sich selbstkritisch ein, dass Sie bisher offenbar selbst übertrieben auf Bagatellverletzungen reagiert haben. Ihr Kind fand so die Möglichkeit, (unangemessene) Aufmerksamkeit zu bekommen. Deshalb probiert es das auf diesem Weg immer wieder – so lange, bis es keinen Erfolg mehr damit hat. Wenn es merkt, dass es mit seinem Jammern nicht mehr die gewünschten Resultate erzielt, wird es damit aufhören.

Kinderbesuch:
Bei Tag und über Nacht

Pascal (sieben Jahre) hat Besuch von seiner gleichaltrigen Freundin Susi. Die Kinder bauen ein Häuschen im Garten. Sie sind entzückt darüber, dass die beiden ganz in ihr Spiel vertieft sind und weder nach Fernsehen noch nach Süßigkeiten fragen. Doch als Sie Ihre »neuen Nachbarn« hinter der Hecke besuchen, müssen Sie zu Ihrem Schrecken feststellen, dass die Kinder mit einem Feuerzeug zündeln.

Ihr Ziel: Stopp-Verhalten beenden

Sie entscheiden auf Sonderfall. Dieses gefährliche Spiel soll mit sofortiger Wirkung beendet werden. Sie strecken die Hand nach dem Feuerzeug aus und halten drei Finger in die Höhe. »Schluss, Pascal, hier kommt die 3 – geh bitte in dein Zimmer!« Ihr Sohn muss unverzüglich seine Auszeit antreten. Erklären Sie der kleinlauten Susi in kurzen Worten, dass Pascal eine Spielpause einlegen wird und in sieben Minuten wieder in den Garten kommen darf. Fertig!

LESEN SIE WEITER
Mehr zum Thema Auszählen von Besuchskindern finden Sie unter »Randalieren«, Seite 102.

Kleine Übernachtungsgäste

Situation 2: Nike (neun Jahre) hat einen Übernachtungsgast. Ihre gleichaltrige Schulfreundin Lena darf übers Wochenende bei ihr bleiben. Lenas Mutter hat das Mädchen am Nachmittag samt Kuscheltier und Kleidern abgeliefert. Die Mädchen haben Nudeln mit Tomatensauce gekocht, in der Gartenhütte gegessen und bis zum Dunkelwerden Verkleiden gespielt. Jetzt ist es zehn Uhr. Nike und Lena liegen im Bett und sollen schlafen. Aber sie leuchten sich gegenseitig mit Nikes Taschenlampe (für nächtliche Toilettengänge) in die Augen und hören nicht auf zu kichern. Sie werden langsam ungeduldig: Für den nächsten Tag ist eine gemeinsame Fahrt in den Zoo geplant und Sie befürchten, dass Sie morgen zwei übermüdete, quengelige Mädchen durch den Tierpark ziehen müssen.

Ihr Ziel: Stopp-Verhalten beenden

Sie öffnen die Tür zum Kinderzimmer, schalten das Licht ein und heben den Daumen: »Nike, Lena, hier ist die 1.« Möglicherweise werden die Mädchen es nicht bei der ersten Warnung schaffen, sich zu beruhigen. Es ist nicht so einfach, Kicheranfälle zu unterdrücken. Sollten die Mädchen die dritte Abzählstufe erreichen, lassen Sie eine Konsequenz folgen. In diesem Fall ist folgende Auszeitvariante zu empfehlen: Quartieren Sie Lena um in ein anderes Zimmer. Sollte die Situation sich zuspitzen (es wird immer später und Sie haben es nun auch noch mit einem weinenden Gastkind zu tun, das nicht im anderen Zimmer schlafen will), zögern Sie im Notfall nicht, Lenas Eltern anzurufen und anzukündigen, dass Sie Lena nach Hause bringen werden. Am nächsten Morgen können Sie Lena zum Zoobesuch abholen. Eine andere mögliche Konsequenz: Wenn die Mädchen am Abend nicht zur Ruhe kommen, werden sie für einen Zoobesuch am folgenden Tag zu müde sein. Alle bleiben zu Hause.

TIPP: Klare Absprachen erleichtern konsequentes Handeln

Vereinbaren Sie mit den Eltern Ihrer Gastkinder, welche Konsequenzen Sie notfalls ziehen werden, und fragen Sie nach, ob diese damit einverstanden sind. Dann müssen Sie sich keine Gedanken um die Einstellung und Reaktion der anderen Eltern machen. Klären Sie mit den Kindern, ab wann spätestens Ruhe im Kinderzimmer herrschen muss.

Eine klare 3 für das gefährliche Spiel mit dem Feuer.

Lügen: Da stimmt doch was nicht!

Ihre Töchter Alena (zehn Jahre) und Maja (sechs Jahre) sind am Freitagabend allein zu Hause. Die Mädchen haben die Erlaubnis, bis neun Uhr fernzusehen, und sollen danach ins Bett gehen. Sie kehren um zehn Uhr von einer Geburtstagseinladung zurück. Als Sie das Haus betreten, wirkt das Wohnzimmer, als sei es gerade eben verlassen worden: Das Licht brennt, die Kuscheldecken liegen unordentlich auf der Couch, der Fernseher ist noch warm. Sie kämpfen mit Gefühlen der Wut und Enttäuschung darüber, dass die Mädchen die Vereinbarung offensichtlich missachtet haben. Gekränkt rufen Sie die beiden und fragen, ob sie bis vor wenigen Minuten im Wohnzimmer ferngesehen haben. Alena und Maja beteuern, sie lägen seit neun Uhr im Bett. »Ihr lügt doch!«, rufen Sie aus und verhängen Fernsehverbot für den kommenden Tag.

BETRACHTEN SIE LÜGEN NICHT ALS MORALISCHES DEFIZIT

Wenn Sie Ihr Kind beim Lügen ertappen, führt die moralische Betrachtungsweise des Ereignisses nur dazu, dass Sie am Ende völlig deprimiert dasitzen und sich nicht mehr zu helfen wissen, geschweige denn Ihrem Kind helfen können. Vergessen Sie sie also an dieser Stelle! Ein Kind, das bewusst lügt, setzt die Lüge als strategisches Mittel ein, wenn es die Beziehung zu seinen Eltern zurzeit als Kampf und Schlagabtausch empfindet. Im Moment ist das Vertrauensverhältnis gestört. Das Kind traut sich nicht, mit der Wahrheit herauszurücken – oder benutzt die Lüge, um zu verletzen. Neben konsequentem Handeln, das geltende Familienregeln zu ihrem Recht kommen lässt, sind vor allem Beziehungsarbeit und vertrauensbildende Maßnahmen gefragt! So kommt die Eltern-Kind-Beziehung wieder ins Lot.

Ihr Ziel: Start-Verhalten auslösen

Natürlich wollen Sie, dass Ihre Kinder aufhören zu lügen (Stopp-Verhalten), aber auf diese für Kinder und Eltern problematische Verhaltensweise können Sie nur verändernd einwirken, indem Sie eine vernünftige Alternative schaffen (Start-Verhalten). Deshalb erscheint es nicht geboten, die Kinder auszuzählen. Das Risiko ist groß, dass die Situation dadurch noch verfahrener wird. Wenn Sie die Kinder auszählen und schließlich eine Auszeit zum Nachdenken verhängen, führt das womöglich zu dem Ergebnis, dass die Kinder sich auch dann nicht entschließen, die Sache zuzugeben. Deshalb sollten Sie die Angelegenheit für den Abend auf sich beruhen lassen und die Zeit nutzen, sich mit Ihren eigenen Gefühlen zu befassen.

TIPP: Fragen Sie nicht, wenn Sie die Antwort kennen!
Diesen Rat erteilte der Individualpsychologe Rudolf Dreikurs Eltern, die mit dem Problem des Lügens konfrontiert werden. Sie geraten in ein rhetorisches Scharmützel, wenn Sie testweise nachfragen, obwohl die Fakten auf dem Tisch liegen. Sie sind nicht bei der Polizei, Ihre Kinder keine Kriminellen. Verzichten Sie auf ein Verfahren, mit dem Sie Ihre Kinder unter Druck setzen und den Konflikt vergrößern. Sie werden es auch leichter schaffen, ruhig zu bleiben, wenn Sie von unnötigen Verhörmethoden absehen.

Relativieren Sie Ihre Gefühle, indem Sie auf »sachliche Problemlösung« schalten. Ihre Kinder haben ihre Rechte heimlich ausgeweitet und danach gelogen, um den Konsequenzen zu entgehen. Daraus folgt zunächst, dass es angebracht ist, mit logischen Folgen zu arbeiten. Wenn die Kinder ihren Konsequenzen nicht entgehen, wird Lügen weniger attraktiv. Die oben beschriebene Maßnahme ist gar nicht schlecht gewählt. Zieht man die Verärgerung ab, kann sie durchaus als logische Folge gelten: Die Kinder haben bereits heute die Fernsehzeit des Folgetags aufgebraucht. Später könnten Sie vorbeugende Maßnahmen für die Zukunft überdenken. Was könnte Ihren Kindern helfen, bei der Wahrheit zu bleiben? Vielleicht war die Gelegenheit zur Regelübertretung zu verführerisch, die Kinder damit überfordert? Dann könnte ein Babysitter die Lösung sein. Oder Sie denken gemeinsam darüber nach, ob die Rechte in Ihrer Familie überprüft werden sollten. In der vorliegenden Situation gab es keine altersgemäße Regelung der Bettgehzeiten. Für die Diskussion einer solchen Frage eignet sich am besten ein Familienrat (Seite 117). Hier könnte auch die Bedeutung des ehrlichen Umgangs miteinander thematisiert werden.

Zu krank für die Schule?

Liv (acht Jahre) hat Streit mit ihrer Schulfreundin Patricia. Sie möchte heute im Unterricht nicht neben Patricia sitzen und hat Angst davor, in den Pausen niemanden zum Spielen auf dem Schulhof zu finden. Liv entscheidet sich für den Rückzug. Sie hält sich den Bauch, verkriecht sich unter ihrer Bettdecke und versichert Ihnen mit Leidensmiene, sie könne heute auf keinen Fall zur Schule gehen.

Ihr Ziel: Start-Verhalten auslösen

Sie könnten nun auf die Idee kommen, Liv auszuzählen, da Sie ihr Theater auf den ersten Blick durchschauen. Während diese Reaktion bei den Tricks angebracht ist, mit denen Kinder zuweilen auf Verbote und Aufforderungen antworten (Seite 40), würden Sie sich durch eine konfrontative Haltung vermutlich selber schachmatt setzen. Ob ein Kind an Bauchschmerzen leidet oder nicht, lässt sich von außen selten zweifelsfrei feststellen. Sie wollen erreichen, dass Liv ihre Probleme selbstbewusst angeht und sich unangenehmen Situationen nicht entzieht, sondern sich ihnen stellt und Lösungen findet. Hier handelt es sich ganz klar um ein Start-Verhalten!

Spielen Sie deshalb mit. Nehmen Sie Livs angebliche Bauchwehattacke scheinbar ernst und zeigen Sie ihr, welche unattraktiven Folgen für sie aus ihrem Verhalten entstehen. Bedauern Sie Ihre Tochter, entschuldigen Sie sie in der Schule und verordnen Sie ihr Bettruhe. Packen Sie ihr ein Wärmekissen auf den Bauch. Zu essen gibt es für Ihr »krankes« Kind nur Zwieback und Fencheltee. Von der Reitstunde am Nachmittag melden Sie es ab. Auf diese Weise lernt das Mädchen, dass auch die Vermeidungsstrategie ihre Schattenseiten hat. Vielleicht wird Liv ihrer Vorstellung überdrüssig werden und Ihnen – erster Schritt zu einer konstruktiven Reaktion auf ihren Kummer – ihr Herz ausschütten. Dann hätten Sie die Möglichkeit, gemeinsam zu überlegen, wie Liv sich in einer solchen Situation noch verhalten könnte. In jedem Fall wird sich Ihre Tochter überlegen, ob sie künftig in ähnlicher Situation wieder gähnende Langeweile wählen will.

WICHTIG
Wenn Kinder über Bauchweh klagen, haben sie manchmal tatsächlich Magenkrämpfe. Oft leiden sie aber auch unter Traurigkeit oder Ängsten. Ihre Symptome sind psychosomatisch. Ein Kind, das sich mit Bauchschmerzen zurückzieht, lügt nicht unbedingt, auch wenn keine körperlichen Ursachen vorliegen.

Mahlzeiten: Störfälle bei Tisch

Paulina (zwei Jahre) sitzt am Tisch und schiebt ihre Unterlippe vor. Mit einer heftigen Handbewegung wischt sie ihren Teller zur Seite. Sie können ihn an der Tischkante gerade noch auffangen. »Nein!«, sagt Paulina. Offenkundig will sie nicht essen. »Aber vor drei Tagen mochtest du Kartoffelbrei doch noch!«, sagen Sie, eher überrascht als verärgert. »Komm, ich helfe dir.« Sie halten Paulina den Löffel an den Mund. Doch die Kleine presst die Lippen fest aufeinander und schüttelt so vehement den Kopf, dass ein Klecks Kartoffelbrei in ihren Locken hängenbleibt. Allmählich werden Sie doch sauer.

Ihr Ziel: Stopp-Verhalten beenden

Sie stellen den Teller beiseite, heben den Daumen und zeigen Paulina die 1. Sie hätten mit Auszählen auch schon beginnen können, als Ihre Tochter den Teller über den Tisch geschoben hat. Erklären Sie das Essen ohne weitere Diskussionen für beendet. Räumen Sie den Tisch ab, stellen Sie das Geschirr in die Spülmaschine und läuten Sie das Nachmittagsprogramm ein.

Ein Kampf gegen Windmühlen

Situation 2: Mahlzeiten mit Daniel (neun Jahre) und Lea (sieben Jahre) sind keine Freude. Lea spielt mit ihrem Essen und isst gewöhnlich kaum die Hälfte dessen, was im Angebot ist. Daniel fällt durch unmanierliches

ESSEN GEHÖRT NICHT ZUM STOPP-VERHALTEN

Sie können ein Kind für unmanierliches Verhalten am Tisch auszählen. Zum Essen selbst werden Sie es durch Zählen nicht bringen. Ein unwilliges Kind hält einfach den Mund geschlossen. Dann können Sie sich auf den Kopf stellen – Sie haben schon verloren. Hier sind, wie in Situation 2, Maßnahmen gefragt, die Start-Verhalten auslösen.

Auch wenn Ihnen Familien-
mahlzeiten wie diese gar
nicht schmecken: Bleiben
Sie gelassen.

Verhalten auf. Häufig streiten sich die Geschwister bei Tisch. Für
Sie als Eltern bedeutet das Stress. Am liebsten würden Sie die gemeinsamen Mahlzeiten ausfallen lassen, halten das Abendessen
im Kreis der Familie aber für pädagogisch unverzichtbar. Schließlich weisen auch zahllose Ratgeber immer wieder darauf hin.
Außerdem: In welchem Rahmen sollte Daniel Tischmanieren
einüben, wenn nicht zu Hause? Wie sonst sollte Lea lernen, ihren
Speisezettel zu erweitern? Sie ergeben sich daher zähneknir-
schend in Ihr Schicksal und wappnen sich täglich aufs Neue für
Ihre Verpflichtung.

Ihr Ziel: Start-Verhalten auslösen

Um Start-Verhalten anzuregen, brauchen Sie Tischregeln für
beide Kinder. Sehen wir uns zunächst Daniels Verhalten an: Hier
geht es um die Einhaltung von Tischmanieren. Erklären Sie
Ihrem Sohn in einer ruhigen Gesprächssituation, worauf genau
Sie Wert legen, zum Beispiel, dass er mit Messer und Gabel isst,
ordentlich am Tisch sitzt und nicht mit vollem Mund spricht.
Führen Sie zunächst nicht mehr als fünf Regeln ein (bei einem
jüngeren Kind sollten es nur drei Regeln, bei Kleinkindern noch

weniger sein). Loben Sie Daniel, wenn er die Tischregeln beachtet. Nehmen Sie ihm andererseits schweigend und ohne Aufregung den Teller weg, wenn er gegen die besprochenen Regeln verstoßen sollte.

Leas Verhalten begegnen Sie am besten durch freundliche Nichtbeachtung. Manche Eltern entwickeln ein ausgeklügeltes System, indem sie ihr Kind puppenkleine Portionen probieren lassen und es nicht alles, was gekocht wurde, auch probieren muss. Das funktioniert zwar manchmal, birgt aber die Gefahr, dass das Kind versuchen könnte, besondere Aufmerksamkeit aus seinen Sonderrechten zu ziehen. In diesem Fall dient das auffällige Essverhalten möglicherweise nur dazu, die Aufmerksamkeit der Eltern zu wecken.

Schenken Sie Leas Kostverweigerung keinerlei Beachtung mehr. Halten Sie die festgelegten Essenszeiten in Ihrer Familie ein und tragen Sie die Teller kommentarlos ab, wenn die Zeit verstrichen ist. Sollte Lea nichts gegessen haben, wird eine natürliche Folge eintreten: Sie wird hungrig werden und vermutlich bei der nächsten Mahlzeit besser zugreifen. Wenn Ihnen das Vorgehen zu radikal erscheint, können Sie Lea als Zwischenmahlzeit beispielsweise ein Stück Obst anbieten.

Ihr Ziel: Stopp-Verhalten beenden

Neben der Art und Weise zu essen sind die Streitereien der Kinder ein Problem. Geschwisterquerelen zählen eindeutig zum Stopp-Verhalten (Seite 76). Behandeln Sie sie entsprechend und zählen Sie die Kinder aus. Wenn nötig, treten beide eine Auszeit an. In der Zwischenzeit können Sie in aller Ruhe Ihre Mahlzeit beenden. Dasselbe dürfen dann auch Ihre Kinder tun, wenn sie aus der Auszeit kommen.

GU-ERFOLGSTIPP

UND ZWISCHENDURCH EIN »FERKEL-ESSEN«!

Gönnen Sie Ihren Kindern ab und zu eine Pause vom strengen Übungsdiktat. Haben Sie keine Angst, Ihre bisherigen Erfolge dadurch zunichte zu machen: Ausnahmen bestätigen die Regel! Servieren Sie zum Beispiel Spaghetti mit Sauce, aber ohne Besteck (und ohne Tischtuch!). Jeder darf essen, wie er mag: mit den Fingern oder vom Teller direkt in den Mund. Was Sie vielleicht als Kinderbelustigung bei Geburtstagspartys kennen, entspannt auch das Familienklima – besonders wenn die Mahlzeiten durch die begleitenden Lernprozesse zu anstrengend für alle Beteiligten werden.

Mithilfe im Haushalt: Fehlanzeige!

Es ist halb sechs, Sie bereiten das Abendessen vor. Svenja (sieben Jahre) und Lars (fünf Jahre) spielen im Wohnzimmer. Sie rufen die Kinder. »Svenja, Lars, deckt bitte den Tisch!« Keine Reaktion. Sie rufen noch einmal, diesmal lauter. Keines der Kinder erscheint in der Küche.

Ihr Ziel: Stopp-Verhalten beenden

Sie können eine solche passive Verweigerung auszählen – allerdings müssen Sie in diesem Fall zuerst feststellen, ob es sich tatsächlich um eine solche handelt. Ein Spiel kann – ebenso wie ein laufender Fernseher – die Aufmerksamkeit von Kindern im Kindergarten- und frühen Schulalter so stark binden, dass die Kinder einen Ruf aus dem Nebenzimmer tatsächlich nicht wahrnehmen.

TIPP: Lassen Sie schon die Kleinsten mithelfen!

Die Basis für Kooperation und Hilfsbereitschaft (Voraussetzungen für das Start-Verhalten) ist die grundsätzliche familiäre Übereinkunft: Alle, die einen Beitrag leisten können, helfen mit. Schon zweijährige Kinder können Saftflecken aufwischen oder ein Geschirrtuch aus der Schublade holen. Gerade kleine Kinder haben Spaß am Helfen haben und sind stolz auf ihre Mitarbeit. Überlassen Sie ihnen deshalb kleine Aufgaben – auch wenn es Ihnen Mühe macht. Sonst haben Ihre Kinder, wenn sie älter sind und ihre Hilfe tatsächlich eine Entlastung für Sie wäre, vermutlich keine Lust mehr dazu.

Sie sollten also Ihren Arbeitsplatz in der Küche verlassen, zu den Kindern ins Wohnzimmer gehen, Augenkontakt herstellen und die Kinder direkt ansprechen. Sollten Svenja und Lars dann immer noch widerspenstig reagieren, zählen Sie sie aus. Sobald die Kinder ihrer Hausarbeit nachgehen und den Tisch decken, sind Sie aufgefordert, dieses erwünschte Verhalten zu unterstützen.

Ihr Ziel: Start-Verhalten auslösen

Loben Sie Svenja und Lars für ihre Mithilfe – auch wenn sie zunächst einen Schubs brauchten, um an die Arbeit zu gehen. Sie erinnern sich, dass Sie gerade jüngere Kinder häufig und ausführlich loben sollten (Seite 64).

Generell gilt: Auch wenn sich spontane Aufforderungen zur Mitarbeit manchmal ergeben, ist es besser, die Verteilung der Haushaltpflichten zu regeln. Dann wissen die Kinder, worin ihr Beitrag zur Arbeit im Haushalt besteht, und können sich darauf einstellen. Auch verbale Erinnerungen erübrigen sich meist nach einiger Zeit der Übung, wenn Sie einen Arbeitsplan für alle Familienmitglieder erstellen und ihn in der Küche aufhängen.

Ungeliebte Arbeiten

Situation 2: Ihr Sohn Erik (neun Jahre) hat die Aufgabe, den Mülleimer in der Küche zu leeren. Er kommt dieser Verpflichtung eher widerwillig nach. Als der Behälter wieder einmal überquillt, fordern Sie Erik auf, die Mülltüten unverzüglich nach unten zu bringen. Er hat aber keine Lust dazu und fängt an zu diskutieren: »Da geht noch so viel Müll rein. Wieso soll ich den Eimer jetzt schon ausleeren?«

Ihr Ziel: Stopp-Verhalten beenden

Sie zählen Ihren Sohn aus. »Erik, hier ist die 1.« Auszählen können Sie allerdings nur Eriks Widerstandshaltung und den provokanten Diskussionsbeitrag. Aber davon, dass Erik

Null Bock auf lästige Haushaltpflichten? Lassen Sie sich nicht auf fruchtlose Diskussionen ein!

GU-ERFOLGSTIPP MEHR ENGAGEMENT DURCH FREIE WAHL

Es gibt Haushaltpflichten, die Eltern bevorzugt ihren Kindern übertragen, weil sie einfach zu erledigen sind, nicht übermäßig viel Zeit kosten und die Kinder dabei wenig Schaden anrichten können. Dazu gehören: Mülleimer leeren, Treppen fegen und Straße kehren. Möglicherweise handeln Sie sich leicht vermeidbaren Widerstand ein, wenn Sie darauf bestehen, dass Ihre Kinder diese Arbeiten übernehmen. Fragen Sie stattdessen, mit welchen Arbeiten die Kinder sich (vergleichsweise) gerne beschäftigen würden! Mein Mann und ich hatten es regelmäßig mit motzigen Kindern zu tun, wenn wir ihnen Kehren als Aufgabe auftrugen. Als die Kinder sich Fensterputzen oder Kochen wählen durften, haben sie diese Aufgaben mit mehr Freude und insgesamt erfolgreicher erledigt. Alle waren zufrieden.

Zur Verteilung der Haushaltspflichten eignet sich am besten eine Sitzung des Familienrats (Seite 117).

möglicherweise die 3 bekommt und in die Auszeit geschickt wird, wird Ihr Mülleimer noch lange nicht leer.

Ihr Ziel: Start-Verhalten auslösen

Schaffen Sie eine verlässliche Struktur. Vereinbaren Sie feste Zeiten, zu denen Erik seiner Verpflichtung nachkommen muss, zum Beispiel täglich vor dem Abendessen. Damit beugen Sie dem Umstand vor, dass Ihr Sohn seine Haushaltspflicht unabsichtlich vergessen könnte.

Hängen Sie eine Liste in der Küche auf, in der Erik selbst eintragen kann, wenn er seine Arbeit erledigt hat. Orientieren Sie sich an den Formblättern, die in den Toilettenräumen von Behörden und Kliniken angebracht sind. Wenn Erik seine Mithilfe hartnäckig verweigern sollte – entweder durch aktive Opposition oder durch passiven Widerstand, indem er seiner Pflicht nur langsam, nachlässig oder meist zu spät nachkommt –, kündigen Sie an, die Mülleimerleerung selbst zu übernehmen. Allerdings sollten Sie Ihrem Sohn dabei klarmachen, dass Sie Ihre Leistung in Rechnung stellen werden. Ziehen Sie Erik einen angemessenen Betrag von seinem Taschengeld ab.

Randalieren und lärmen: Hier tobt der Bär!

Frieder (zehn Jahre) ist wütend. Er hätte am Samstag ein Fußballspiel. Sie haben ihn aber von der Teilnahme abgemeldet, weil Sie feststellen mussten, dass er am Wochenende Zeit zum Lernen brauchen wird. Am Montag schreibt er eine Mathearbeit und ist noch weit davon entfernt, die Rechenaufgaben zu beherrschen, die in der Arbeit abgefragt werden. Frieder schreit: »Scheiß-Mathearbeit! Lass mich zu meinem Spiel gehen!« Sie schütteln den Kopf. »Lass – mich – gehen!« Bei jedem Wort wirft er einen Esszimmerstuhl um.

Ihr Ziel: Stopp-Verhalten beenden

Sie heben den Daumen und sagen: »Hier ist die 1.« Wenn der nächste Stuhl umfällt, zählen Sie weiter. Hört Frieder bei der 3

WICHTIG: SENDEN SIE EINDEUTIGE SIGNALE!

Das geschilderte Problem ist verzwickt. Sie sehen sich gezwungen, Prioritäten zu setzen: Schule geht vor Freizeit, Ihr Sohn sollte für die Mathearbeit vorbereitet sein. Allerdings halten Sie es auch für wichtig, dass er Mannschaftssport betreibt, bei dem er sich bewegt und Teamgeist entwickelt. Sie fragen sich, ob Sie Ihrem Sohn durch Ihre Entscheidung den Spaß am Sport vergällen, ob Sie nicht ungerechterweise die gesamte Mannschaft bestrafen ... Solche Fragen sind berechtigt, jedoch im Augenblick nicht relevant. Konzentrieren Sie sich ausschließlich auf Frieders Stopp-Verhalten und zählen Sie es aus. Wenn Frieder spürt, dass Sie im Zwiespalt sind, wird er nicht reagieren. Solche und ähnlich gelagerte Situationen werden Ihnen vermutlich noch öfter begegnen. Überlegen Sie, bevor Sie Konsequenzen festsetzen, welche Werte Sie höher schätzen: Schularbeiten oder Mannschaftssport.

noch immer nicht auf, schicken Sie ihn für zehn Minuten in sein Zimmer zum Abkühlen. Wenn es sich bei Ihren Stühlen um wertvolle antike Stücke handelt, können Sie in diesem Fall sofort auf 3 zählen. Sind Ihre Stühle robust, sollten Sie dem zornigen jungen Mann die Chance zum Umschalten geben. Erst nach der Abkühlungsphase ist es sinnvoll, Verständnis zu signalisieren und gemeinsam Lösungswege zu überlegen, damit Frieder künftig nicht mehr in eine solche Lage kommt: zum Beispiel mit dem Üben früher anzufangen und dadurch ohne Zeitdruck zu üben.

Je lauter, desto besser

Situation 2: David (sechs Jahre) und sein Freund Moritz (sieben Jahre) spielen in Davids Zimmer. Die beiden bauen Türme und stoßen sie danach unter Lachen und Johlen wieder um. Es rappelt im ganzen Haus. Sie sitzen über der Steuererklärung und bringen bei dem enormen Geräuschpegel die Beträge durcheinander.

Ihr Ziel: Stopp-Verhalten beenden

Sie gehen hinüber ins Kinderzimmer und zeigen den stürmischen Jungs die 1. Wenn Sie nicht sicher sind, ob David und Moritz wissen, welches Verhalten sie einstellen sollen, geben Sie eine kurze Erklärung ab: »Das ist zu laut.« Statt weiterzuzählen, gehen Sie anschließend direkt wieder an Ihre Arbeit und geben den Kindern so Gelegenheit, eigenständig über eine geräuschärmere Spielvariante nachzudenken. Häufig sind Kinder ein bisschen hartnäckiger und kecker, wenn sie einen Gast haben. Rechnen Sie deshalb nicht mit einem schnellen Einlenken, sondern eher damit, weiter auszählen zu müssen. In diesem Fall empfiehlt sich bei 3 eine Auszeit draußen, wo Kinderkrach nicht stört – zum Beispiel auf dem Bolzplatz.

Schimpfwörter:
So reden wir nicht!

Jens (acht Jahre), der beste Freund Ihres Sohnes Noah (ebenfalls acht Jahre) ist bei Ihnen zu Gast. Die Jungs haben im Kinderzimmer eine Legoburg gebaut und wollen jetzt zum Spielen nach draußen gehen. Die beiden können sich aber nicht darauf einigen, was sie machen wollen und welches Spielzeug sie in den Hof mitnehmen sollen. Sie können ihre Auseinandersetzung durch die geschlossene Tür hören. Noah will Basketball spielen, aber Jens zieht nicht mit. »Keine Lust!«, meint er gelangweilt. »Arschloch!«, kommt es wütend von Ihrem Sohn.

Ihr Ziel: Stopp-Verhalten beenden

In der Regel sollten Sie streitende Kinder nur auszählen, wenn Sie sich im gleichen Raum mit ihnen befinden. Bei Streitigkeiten, insbesondere unter Geschwistern (Seite 76), ist im Allgemeinen Zurückhaltung geboten. Doch im vorliegenden Fall geht es um etwas anderes.

Öffnen Sie die Tür und heben Sie den Daumen: »Noah, hier kommt die 1.« Fügen Sie zur Verdeutlichung hinzu: »Keine Schimpfwörter.« Damit machen Sie Ihrem Nachwuchs klar, dass es um das Wort, nicht um den Streit geht. Falls Noah durch Ihr Auftauchen seine Chance gekommen sieht, Schützenhilfe von Ihnen zu fordern (»Aber Jens will nur langweilige Sachen spielen. Er soll jetzt mit mir rauskommen! Sag du's ihm!«), zählen Sie ihn weiter aus.

TIPP: Bestimmen Sie die Grenze des Erlaubten

Klären Sie mit Ihren Kindern grundsätzlich, dass Sie bestimmte Formen der verbalen Auseinandersetzung in Ihrer Familie nicht akzeptieren. Geben Sie ganz konkrete Vorgaben, welche Wörter erlaubt sind und welche nicht. »Blödmann« ist für viele Eltern tolerabel, »Vollidiot« für manche gerade noch hinzunehmen, »Arschloch« dagegen für die meisten nicht.

Schlafen gehen: Jeden Abend Theater

Florian (zwei Jahre) ist abends nur unter Mühen ins Bett zu kriegen. Während Sie selbst erschöpft den kinderfreien Feierabend herbeisehnen, ist Florian um halb acht noch in Tobelaune. Auf einfache Aufforderungen reagiert er nicht. Wenn Sie ihn aus dem Wohnzimmer tragen wollen, klammert er sich am Türrahmen fest. Wenn Sie ihn vor das Waschbecken stellen, um ihm Hände und Gesicht zu waschen, flitzt er aus dem Bad. Jeden Abend gibt es eine wilde Jagd, die Ihre Nerven strapaziert.

Ihr Ziel: Stopp-Verhalten beenden

Sobald Florian sich auf dem abendlichen Weg ins Bad oder Bett zur Wehr setzt, sagen Sie bestimmt: »Florian, hier kommt die 1.« Sollte Florian sich nicht beruhigen, zählen Sie ihn weiter aus. Wenn die dritte Stufe erreicht ist, packen Sie den strampelnden Jungen ins Bett, wo er für zwei Minuten eine Auszeit antritt. Gehen Sie für diese Zeit aus dem Kinderzimmer. (Wahrscheinlich brauchen Sie die Verschnaufpause nötiger als Florian!) Holen Sie Florian nach Ablauf der Auszeit mit ruhigen Bewegungen aus dem Bett (oder fangen Sie ihn an einer anderen Stelle seines Zimmers ein, falls er aus dem Bett geklettert ist) und fahren Sie im Programm fort. Verhalten Sie sich gegenüber dem renitenten Florian liebevoll, aber bestimmt. Wiederholen Sie die Prozedur, wenn es nötig sein sollte. Schimpfen Sie nicht und verzichten Sie auf Ermahnungen. Die sind bei sehr kleinen Kindern ohnehin kaum angebracht, weil sie nicht alles verstehen, was wir sagen, wenn wir ihnen etwas nahebringen wollen. In diesem speziellen Fall würden Sie das Abendprogramm auch noch in die Länge zie-

---

HIER FUNKTIONIERT AUSZÄHLEN NICHT

Wenn Ihr Kind Ihre Aufforderung, schlafen zu gehen, ignoriert, werden Sie keinen Erfolg damit haben, es auszuzählen. Erinnern Sie sich: Wenn ein Kind nichts tut, müssen Sie es erst mal in Bewegung bringen. Sie brauchen dafür die Methoden zum Start-Verhalten.

TIPP: Steuern Sie die Schlaf- und Wachphasen Ihres Kindes

Falls ein zweijähriges Kind in den Abendstunden noch erhebliche Energie zeigt, hat es möglicherweise tagsüber zu viel Schlaf. Nicht wenige Eltern überschätzen das Schlafbedürfnis ihrer Kleinkinder. Reduzieren Sie die Dauer des Mittagsschlafs. Wecken Sie Ihr Kind nach einer gewissen Erholungszeit, beispielsweise nach 45 Minuten. Oder legen Sie Ihr Kind mit-tags gar nicht mehr zum Schlafen hin. In diesem Fall werden Sie für die ruhigen Abendstunden allerdings einen Preis zahlen müssen: Sie verlieren die ungestörte Mittagspause und gegen Abend werden Sie Ihre übermüdeten, quengeligen Kleinen geduldig beschäftigen müssen. Aber im Anschluss daran haben Sie frei! Einen Versuch sollte es wert sein.

hen – und damit Ihren eigenen Interessen zuwiderhandeln. Achten Sie darauf, einen angenehmen, ritualisierten Schlusspunkt zu setzen, sobald Florian gewaschen und mit geputzten Zähnen im Bett liegt: ein Gute-Nacht-Lied, einen Vers oder ein Kindergebet. Sparen Sie den Seufzer der Erleichterung für den Moment auf, in dem Sie das Kinderzimmer verlassen haben und Florian Sie nicht mehr hören kann.

Ein Gute-Nacht-Ritual gibt Kindern Sicherheit

Situation 2: Angelina (vier Jahre) motzt und trotzt, wenn sie ins Bett gehen soll – egal ob sie vorher eine Cartoon-Folge sehen darf oder nicht, ob Sie ihr eine Geschichte vorlesen oder nicht, ob Sie mit Papa ein Spiel spielen darf oder nicht. Sie wissen nicht mehr, was Sie noch tun sollen.

Ihr Ziel: Stopp-Verhalten beenden

Sie zählen Angelinas Motzereien aus, bevor sie heftiger werden. Bei der dritten Stufe muss Angelina in ihrem Zimmer vier bis fünf Minuten ihr Mütchen kühlen.

Ihr Ziel: Start-Verhalten auslösen

Wahrscheinlich ist Angelina von den unterschiedlichen Angeboten, die die Eltern zur Gestaltung des Abends machen, und den

---

TIPP: Ein fester Ablauf erspart Ihnen Mühe

Die abendlichen Abläufe sollten einem festen Programm folgen, das sich nach einiger Zeit eingespielt hat und Aufforderungen unnötig macht. Dadurch vermeiden Sie Konflikte, die sich an jeder Aufforderung entzünden können. Ändern Sie die Reihenfolge der Tätigkeiten nicht. Nach einer gemeinsamen Übungszeit begleiten Sie Ihr Kind freundlich, aber möglichst kommentarlos bei seinem Programm.

Das kann zum Beispiel so aussehen: Umziehen, waschen, Zähne putzen, das Kind zudecken, nachdem es ins Bett geschlüpft ist, und zum Abschluss des Tages eine Geschichte vorlesen. Wenn das Licht aus ist, darf Ihr Kind vielleicht noch ein ruhiges Lied von der CD hören. Dieses Programm ändern Sie erst, wenn es nicht mehr zur Entwicklungsstufe Ihres Kindes passt.

---

wechselnden Abläufen überfordert. Gerade in Zeiten, in denen Ruhe einkehren soll, ist Abwechslung für kleine Kinder kontraproduktiv. Entwerfen Sie ein Programm, das sich jeden Abend wiederholt. Es sollte Angelinas Vorlieben widerspiegeln: Wenn Angelina Märchen liebt, könnten Sie allabendlich zum Abschluss ein Märchen vorlesen. Von diesem Gute-Nacht-Ritual sollte es keine Abweichungen geben – es sei denn, Angelina würde die Zeit durch Proteste und Verzögerungen, die Auszeiten nach sich zögen, in die Länge ziehen. In diesem Fall könnten Sie, bevor Sie

Kleine Nachtgespenster können ihre Eltern zur Verzweiflung bringen.

das Buch aufschlagen, Angelina freundlich erklären, dass Sie heute nur die Hälfte der Geschichte lesen würden, weil zu viel Zeit verloren gegangen sei (logische Folge!).

Ins Bett – und wieder raus

Situation 3: Ihr fünfjähriger Sohn Till geht zwar ohne große Probleme ins Bett, aber er kommt immer wieder heraus. Seine Fantasie kennt keine Grenzen, wenn es darum geht, Gründe für das wiederholte Aufstehen zu finden: »Ich hab Durst«, »Ich hab noch Hunger«, »Da ist so ein komisches Geräusch in meinem Zimmer«, »Ich muss Pipi« ... Das Theater wiederholt sich jeden Abend. Immer wenn Sie glauben, sich anderen Dingen widmen zu können – Tills neugeborener Schwester Anna, der Büroarbeit, für die Ihnen tagsüber die Ruhe fehlt, einer Fernsehsendung, die für einen Fünfjährigen nicht geeignet ist, einem Buch –, taucht das abendliche Gespenst im Schlafanzug auf.

Ihr Ziel: Stopp-Verhalten beenden

Sehen Sie den kleinen Kerl in der Tür ruhig an und sagen Sie: »Hier kommt die 1.« Sonst nichts. Es wird Ihnen sicher schwerfallen, jetzt nichts weiter zu sagen und keine Gefühle zu zeigen (Seite 16). Aber bedenken Sie, dass Till schon gewonnen hat, wenn Sie mit ihm zu streiten beginnen. Indem Sie Till auszählen, machen Sie ihm klar, dass Sie seine Einwürfe als Ausreden identifiziert haben und darauf bestehen, dass er im Bett bleibt. Nachdem sich die beschriebene Szene aber schon häufig abgespielt hat, ist es wahrscheinlich, dass Till sich nach einer Ansage nicht zufriedengeben wird. »Aber ich muss wirklich noch was trinken!« Zählen Sie ihn weiter aus. Wenn Till die dritte Stufe erreicht, bringen Sie ihn wortlos in sein Zimmer. Nach einer Auszeit von fünf Minuten, strecken Sie noch einmal kurz den Kopf in sein Zimmer und sagen: »Gute Nacht, Till. Schlaf schön!«

Ihr Ziel: Start-Verhalten auslösen

Wir können Tills Fall auch anders betrachten: Im Bett zu bleiben, könnte für ihn eine langfristige Aufgabe bedeuten, die Disziplin erfordert: Start-Verhalten also. Kombinieren Sie deshalb das Auszählen mit folgenden Maßnahmen: Hängen Sie eine Tabelle an den Kühlschrank, auf der Till für jeden Abend, den er ohne Unterbrechung im Bett bleibt, eine Sonne bekommt. Vereinbaren Sie mit Till eine gemeinsame Unternehmung, wenn er fünf Sonnen gesammelt hat. Loben Sie Till

GU-ERFOLGSTIPP

GENIESSEN SIE DIE GEMEINSAME ZEIT AM ABEND

Viele Kinder drehen abends auf und kommen immer wieder aus dem Bett, weil sie (oft nicht ganz zu Unrecht) das Gefühl haben, ihre Eltern wollten sie loswerden. Dem können Sie vorbeugen, indem Sie abends vor dem Zubettgehen eine schöne Zeit mit Ihrem Kind verbringen. Reservieren Sie eine Viertelstunde nur für Ihr Kind. Spielen Sie etwas zusammen, unterhalten Sie sich, kuscheln Sie. Wenn Ihr Kind spürt, wie wichtig Ihnen das ist, kann es die abendliche Trennung viel besser aushalten.

ausführlich für jeden ruhig verlaufenen Abend. Auf diese Weise verschiebt sich das Maß der Aufmerksamkeit, die Till für sein unkooperatives Verhalten bekam, zugunsten der Zuwendung, die er erhält, wenn er im Bett bleibt.

Nachtruhe für Kinder und Eltern

Situation 4: Ihre siebenjährige Tochter Isabel steht regelmäßig zwei- bis dreimal pro Woche mitten in der Nacht vor Ihrem Bett und murmelt kaum verständlich etwas von Alpträumen.

Ihr Ziel: Start-Verhalten auslösen

Sie könnten auf die Idee kommen, hier ein Stopp-Verhalten zu vermuten. Schließlich wollen Sie, dass Isabel die nächtlichen Besuche unterlässt! Doch ein pädagogischer Ansatz, der Reaktionsvermögen und Konzentration erfordert, ist für den nächtlichen Einsatz, wenn alle Beteiligten schlaftrunken sind, ungeeignet. Am besten, Sie versuchen es gar nicht erst! Ihr Ziel ist es, Isabel schnell und schonend wieder ins Bett zu bringen und generell mehr Nachtruhe für Ihre Familie zu gewinnen.

Ein Kind, das aus einem Alptraum erwacht, braucht unmittelbar in der Situation liebevolle Zuwendung und Halt. Erklären Sie Isabel freundlich, dass sie nur geträumt hat. Nehmen Sie sie kurz in den Arm oder auf den Schoß, bis sie sich beruhigt hat. Begleiten Sie sie zurück ins Kinderzimmer. Decken Sie Isabel zu und geben Sie ihr einen Gute-Nacht-Kuss, bevor Sie wieder in Ihr Bett gehen. Machen Sie bei all dem so wenig Aufhebens wie möglich: Sprechen Sie leise und nur das Nötigste. Handeln Sie immer nach dem gleichen Ablaufschema. Dadurch werden Ihre erzieherischen Fähigkeiten mitten in der Nacht nicht über Gebühr strapaziert und Isabels Interesse wird nicht durch unerwartete Reaktionen Ihrerseits geweckt.

TIPP: Das hilft durchzuhalten

Die meisten Eltern kleiner Kinder haben mit einem Schlafdefizit zu kämpfen. Sie kommen besser damit zurecht, wenn Sie diesen Zustand als eine vorübergehende Phase betrachten. Als Sie frisch verliebt waren oder an den Wochenenden nächtelang gefeiert haben, sind Sie auch mit wenig Schlaf ausgekommen, stimmt's? Sagen Sie sich, dass Sie auch diese anstrengende Zeit überstehen werden. Sollten Sie allerdings merken, dass Sie an die Grenzen Ihrer Kräfte gelangen, organisieren Sie kurzfristig Hilfe – entweder privat oder über professionelle Kinderbetreuungsbörsen. Sie brauchen die Erholung, um sich Ihren Erziehungsaufgaben widmen zu können.

Telefonieren:
Bitte nicht stören!

Wenn das Telefon klingelt oder Ihre Söhne Christoph (vier Jahre) und Manuel (zwei Jahre) sehen, dass Sie telefonieren, sind sie nicht mehr zu halten. Die Jungs toben um Sie herum, ziehen an Ihren Hosenbeinen und klettern auf Ihren Schoß.

Ihr Ziel: Stopp-Verhalten beenden

Bitten Sie Ihren Gesprächspartner am anderen Ende der Leitung um einen Augenblick Geduld und beginnen Sie, souverän zu zählen: »Christoph, Manuel, hier kommt die 1.« Sollten Sie in der Vergangenheit beim Telefonieren schon öfter ein Opfer derartiger Kinderattacken gewesen sein, stellen Sie sich darauf ein, bis zur dritten Stufe zählen zu müssen. Legen Sie für heute notfalls auf und kündigen Sie Ihren baldigen Rückruf an, um die Kinder ohne Hast in die Auszeitzone bringen zu können.

Erziehung zur Rücksichtnahme

Situation 2: Carolin (zehn Jahre) stürmt auf die Terrasse, wo Sie im Liegestuhl telefonieren: »Papa, du musst mich bitte sofort zu Tabea fahren!« Sie zeigen auf das Telefon und weisen Carolin darauf hin, dass Sie gerade ein Gespräch führen. »Aber Papa, das kannst du doch auch später! Bitte fahr mich jetzt!«

Ihr Ziel: Stopp-Verhalten beenden

Sie zählen Carolin wortlos aus. Bei 3 muss Ihre Tochter eine Auszeit nehmen. Vermutlich wird sie es nicht so weit kommen lassen, denn das würde bedeuten, dass sie zehn Minuten warten muss, um ihr dringendes Anliegen nochmals vorzutragen.

Unselbstständigkeit: Nicht ohne Mamas Hilfe

Carla (acht Jahre) benimmt sich wie eine kleine Prinzessin. Charmant lächelnd trägt sie eine Bitte nach der anderen vor: »Mama, kannst du mir den Saft einschenken? Die Flasche ist ganz voll.«, »Fährst du mich zur Bushaltestelle? Der Weg ist so weit.«, »Kannst du für mich anrufen? Ich trau mich nicht!«.

VERWÖHNUNG ENTMUTIGT

Eltern, die ihre Kinder über Gebühr verwöhnen, entmutigen sie ungewollt. Obwohl sich das für Kinder vielleicht angenehm anfühlt, stellt sich zugleich das Gefühl ein, vieles gar nicht oder nicht allein zu können.

Ihr Ziel: Start-Verhalten auslösen

Ermutigen Sie Carla, indem Sie ihre Bitten ebenso charmant zurückweisen und Zutrauen in die Fähigkeiten Ihrer Tochter bekunden. Antworten Sie leichthin: »Du kannst das schon, mein Schatz!« – und wenden Sie sich wieder Ihrer Tätigkeit zu. Loben Sie Carla für jede selbstständige Aktion, aber achten Sie darauf, es mit Ihrer Begeisterung nicht zu übertreiben (Seite 64). Ein anerkennendes Lächeln kann genügen. Carla wird den Stolz auf ihre eigene Leistung genießen. Bedenken Sie: Ein Kind, das sich nicht traut, selbstständig zu handeln, braucht die Sicherheit, ausprobieren zu dürfen. Es wird zögern, wenn es bei seinen Eltern spürt, dass Missgeschicke wie kleine Katastrophen behandelt werden. Signalisieren Sie Ihrer Tochter, dass ein Saftfleck auf dem Küchenfußboden kein Beinbruch ist. Er wird eben weggeputzt. Klar schafft sie den Weg zur Bushaltestelle! Ein tägliches Lauftraining hilft der körperlichen Fitness auf die Sprünge. Auch Unsicherheiten am Telefon lassen sich beheben. Üben Sie mit Carla, wie sie sich am Telefon melden, ihren Wunsch vortragen kann – vielleicht in Form eines Rollenspiels. Versichern Sie ihr, dass es nicht schlimm ist, wenn sie sich mal verspricht. Dann wiederholt sie den Satz eben nochmals. All das kann Carla schaffen!

Zähne putzen: Ich mag nicht!

Ruth (drei Jahre) hält den Mund fest geschlossen, als das abendliche Zähneputzen ansteht. Sie will noch nicht ins Bett gehen. Der Szene im Bad ist ein geräuschvolles Theater im Wohnzimmer vorausgegangen. Wütend zeigt Ruth ihren Unwillen nun, indem sie sich weigert, die Zähne zu putzen.

Ihr Ziel: Start-Verhalten auslösen

Den Grundsätzen der 1-2-3-Methode zufolge handelt es sich hier um ein Start-Verhalten. Für eine Dreijährige ist Zähneputzen eine komplexe Tätigkeit. Stellen Sie also die Zahnbürste in den Plastikbecher zurück und sagen Sie: »Ich sehe, du willst deine Zähne heute nicht putzen, Ruth. In Ordnung. Aber du weißt, dass die Zähne kaputt gehen, wenn Zucker an ihnen klebt. Du kannst jetzt ins Bett gehen, aber morgen gibt es keine Süßigkeiten.« Mit dieser Reaktion erreichen Sie zweierlei: Erstens vermeiden Sie einen Machtkampf, indem Sie Ruth die Entscheidung für oder gegen das Zähneputzen überlassen. Zweitens bringen Sie Ruth zur Einsicht, indem Sie ihre Aufmerksamkeit auf eine Sachfrage lenken: die Gesunderhaltung der Zähne. Doch bleiben Sie freundlich und sachlich, während Sie Ruth auf die logische Folge hinweisen. Sobald Ihre Stimme ärgerlich klingt, wird Ruth die Ankündigung als Drohung oder Strafe verstehen – und ihren Widerstand wahrscheinlich verstärken.

DIE AUSNAHME: AUSZÄHLEN BEI START-VERHALTEN

Sie kennen die Regel: Ausgezählt werden kann nur ein Stopp-Verhalten. Doch wenn ein Start-Verhalten nur sehr wenige Minuten oder sogar nur Sekunden dauert – etwa wenn das Kind aufstehen oder das Zimmer verlassen soll –, können Sie auch hier auszählen. Das gilt bei älteren Kindern auch fürs Zähneputzen, das kaum länger als zwei Minuten dauert. Wäre Ruth schon im Schulalter, könnten Sie ihr widerspenstiges Verhalten auch auszählen.

DER WEG ZUM GUTEN GESPRÄCH

Kommunikation ist der Schlüssel zu einer guten Beziehung – das gilt auch für die Beziehung zwischen Eltern und Kindern. Hier finden Sie wichtige Gesprächsregeln für den Familienalltag.

Mit Kindern richtig reden

Den meisten Eltern fällt es schwer, die Empfehlung »Nicht reden – keine Gefühle« (Seite 16) einzuhalten. Doch wenn man sich einmal dazu entschlossen hat, ist sie relativ einfach umzusetzen. Wir halten den Mund und verströmen stille Gelassenheit. Dennoch kann das nicht das Universalrezept für alle Erziehungsgelegenheiten sein. Schließlich sind auch Gespräche wichtig. Doch so seltsam es klingen mag: Selbst Gespräche beginnen häufig mit Schweigen – genauer gesagt mit aktivem Zuhören.

Werden Sie ein aktiver Zuhörer

Wer in der Position des Älteren und Erfahreneren ist, kommt häufig in Versuchung, das Wort an sich zu reißen. Das gilt insbesondere für uns Eltern. Wir können unsere Kinder aber viel besser verstehen und adäquat auf ihr Verhalten reagieren, wenn wir ihnen zuhören. Damit zeigen wir ihnen, dass wir sie ernst nehmen, Verständnis für sie haben und ihre Gefühle auch dann respektieren, wenn wir nicht mit ihnen übereinstimmen.

Aktiv zuhören – wie geht das?

Aktiv zuhören bedeutet mehr, als ein Kind einfach reden zu lassen. Ein guter Zuhörer wendet sich einem Kind zu und schaut es an, während es spricht. Wenn das Kind noch sehr klein ist, können wir es auf den Arm nehmen oder uns nach unten beugen oder in die Knie gehen, um auf gleicher Augenhöhe zu sein. Wir verfolgen aufmerksam, was das Kind sagt, und versuchen, herauszuhören, welche Gefühle sich hinter den Worten des Kindes verbergen. Wenn wir eine Vorstellung davon haben, können wir sie respektvoll formulieren. Und das geht so:

> Nehmen wir an, Sie holen Ihren Sohn Patrick (fünf Jahre) vom Kindergarten ab. Mit gesenktem Kopf folgt er Ihnen nach draußen. Sobald die Tür ins Schloss fällt, sagt er finster: »Kindergarten ist doof!« Sie beugen sich zu Ihrem Sohn, legen eine Hand auf seine Schulter und sagen: »Du siehst ein bisschen traurig aus. Es klingt, als ob du dich heute im Kindergarten geärgert hättest. Stimmt das?«

  Damit haben Sie in Worte gefasst, was Sie durch die Bemerkung, die Körperhaltung und Mimik Ihres Sohnes wahrgenommen haben. Sie signalisieren ihm damit: »Ich verstehe dich. Du kannst mir gern mehr darüber erzählen, wenn du möchtest.«

> Lili (sieben Jahre) läuft am Sonntagnachmittag missmutig durch die Wohnung, schaut aus dem Fenster, fängt an zu malen und zerknüllt nach kurzer Zeit das Papier. Sie setzen sich zu Ihrer Tochter: »Kann es sein, dass du dich langweilst, mein Schatz? Was würdest du denn gerne machen?«

TIPP

Formulieren Sie Ihre Rückmeldung zurückhaltend, am besten in Frageform. Gehen Sie nicht selbstverständlich davon aus, dass Sie die Gefühle Ihres Kindes verstehen. So vermeiden Sie Unterstellungen. Sie bieten Ihrem Kind nur eine Deutung an, die ihm hilft, sich über seine Gefühle klar zu werden und darüber zu reden.

> Gabriel (neun Jahre) schleicht nach dem Fußballtraining ins Haus. Sie begrüßen Ihren Sohn. »Du siehst nicht sehr glücklich aus. Oder bist du einfach nur geschafft?« Gabriel schleudert seine Sporttasche in die Ecke. »Michael spielt morgen im Tor. Ich muss auf der Bank sitzen!« Sie setzen sich neben ihn. »Ich kann mir vorstellen, dass du jetzt ganz schön enttäuscht bist.«

Senden Sie Ich-Botschaften

Beim aktiven Zuhören geht es um die Gedanken und Gefühle des Kindes. Doch wie können wir unsere eigenen Gedanken und Gefühle so mitteilen, dass sie das Kind erreichen? Dazu gibt es eine simple, aber effektive Maßnahme, die uns hilft, Vorwürfe und Nörgeleien zu vermeiden. Zunächst handelt es sich einfach um eine Änderung in der Wortwahl: Beginnen Sie Ihre Sätze mit »Ich« statt mit »Du«.

WICHTIG
Achten Sie bewusst darauf, Ihre Gefühle und Gedanken in Worte zu fassen, ohne Ihr Kind zu beschuldigen – also eine echte Ich-Botschaft zu schicken und keine verkappte Du-Botschaft. »Ich finde, du bist faul!«, hat denselben Aussagewert wie »Du bist faul!«, auch wenn der Satz mit »Ich« eingeleitet wird.

> Ein Beispiel: Sie möchten, dass Ihr Sohn Luc (acht Jahre) versteht, warum Sie seinen Fernsehkonsum einschränken. Sie könnten zu ihm sagen: »Du schaust viel zu viel fern, damit ist jetzt Schluss! Eine Stunde am Tag ist genug.« Damit hätten Sie die Konfrontation eröffnet. Eine entsprechende Ich-Botschaft könnte folgendermaßen lauten: »Ich mache mir Sorgen, wenn du so lange vor dem Bildschirm sitzt, weil stundenlanges Fernsehen Kindern schadet.« Nach einer solchen Gesprächseinleitung ist eine sachliche Diskussion wahrscheinlicher als ein Machtkampf.

> Ein anderes Beispiel: Tante Inge ist zu Besuch und erkundigt sich freundlich nach den Schularbeiten Ihrer Tochter Anne (sieben Jahre). Anne hat aber keine Lust darüber zu reden, weil sie die Hausaufgaben heute als besonders langwierig und mühevoll empfand. »Sag ich dir nicht!«, antwortet sie knapp und läuft aus dem Zimmer. Tante Inge ist irritiert. Sie könnten Anne später Vorhaltungen machen: »Du hast dich unmöglich benommen, Anne! Tante Inge interessiert sich für dich und du gibst ihr so eine schnippische Antwort. Sie muss denken, wir würden dich überhaupt nicht erziehen!« Annes Opposition wäre Ihnen sicher. Dass sie beim nächsten Besuch höflicher ist,

keineswegs. Vorschlag zu einer Ich-Botschaft: »Ich verstehe, dass du heute Nachmittag am liebsten gar nicht mehr über die Schule reden wolltest, nachdem du dich so über die Schulhausaufgaben geärgert hattest. Aber es hat mir leidgetan, dass du Tante Inge einfach hast stehen lassen. Sie konnte das ja nicht wissen. Ich finde, sie hätte eine höfliche Antwort verdient.«

Ich-Botschaften zeigen Respekt. Wir vermeiden damit Vorwürfe, Herabsetzungen und Drohungen. Stattdessen vermitteln wir unserem Kind Einsichten in unsere Gedanken und Empfindungen beziehungsweise in das Problem, das wir sehen. Indem wir auf die richtige Formulierung achten, lassen wir uns nicht von unseren Emotionen hinreißen, sondern sprechen über sie. Wenn wir Start-Verhalten durch Erklärungen fördern wollen, tun wir das am besten über Ich-Botschaften.

> **TIPP: Ich-Botschaften einüben**
>
> Wenn Sie anfangen, Ich-Botschaften zu üben, fangen Sie zur Sicherheit keinen Satz mehr mit »Du« an. Es gibt natürlich gänzlich unverfängliche Sätze, die mit »Du« beginnen. Aber Sie haben in einer Gesprächssituation wenig Zeit, abzuwägen, ob sich hinter dem »Du« ein Vorwurf versteckt oder nicht. Stellen Sie deshalb einen gedachten Du-Satz rasch um und formulieren Sie neu, indem Sie »Ich« an den Satzanfang stellen. Das garantiert zwar noch keine echte Ich-Botschaft, aber die Chance ist größer, Vorwürfe und Beschuldigungen zu vermeiden.

Gründen Sie einen Familienrat

Bedeutsam ist allerdings nicht ausschließlich meine Ausdrucksweise. Wenn ich erreichen will, dass bei meinen Kindern verlässlich ankommt, was ich ihnen vermitteln will, ist auch die Gesprächssituation entscheidend, in der ich meinen Kindern begegne. Womit ich auf den Familienrat zurückkomme, dessen Vorzüge bereits eingangs (ab Seite 19) geschildert wurden.

Jede Familie ab einer Größe von zwei Personen – das heißt, ein alleinerziehender Elternteil und ein Kind – kann einen Familienrat gründen. Schon dreijährige Kinder können am Familienrat teilnehmen. Das ist allerdings die Untergrenze. Denn auf die Bedürfnisse kleiner Kinder muss auf jeden Fall Rücksicht genommen werden. Die Dauer einer Sitzung sollte 15 bis 20 Minuten nicht überschreiten. Ebenso sollten die Themen beziehungsweise die Wortwahl den kindlichen Horizont nicht übersteigen. Wenn es in der Familie nur ein Kind gibt, können die Eltern sich nor-

Im Familienrat haben Eltern und Kinder gleichermaßen das Sagen.

malerweise gut darauf einstellen. Schwieriger wird es bei mehreren Kindern, zwischen denen ein großer Altersunterschied besteht. Dann muss man Kompromisslösungen suchen. Notfalls sitzt das kleinste Kind auf Mamas Schoß oder unter dem Tisch, wenn ihm die Diskussionen der Großen zu langweilig werden. Es ist dann einfach schon anzuerkennen, wenn das Kind dabeibleibt und nicht den Raum verlässt.

Einen festen Termin vereinbaren

Gemeinsam wird ein Termin festgelegt, den alle Familienmitglieder einhalten können, beispielsweise sonntags im Anschluss an das gemeinsame Frühstück. Zunächst sollte ein Abstand von sieben Tagen zwischen den Sitzungen angestrebt werden. Später können die Treffen in 14-täglichem Rhythmus stattfinden.

Ein wöchentliches Treffen ist aus zwei Gründen ratsam: Erstens kommt es immer mal wieder vor, dass eine Sitzung ausfallen muss – etwa wegen Krankheit oder einer Familienfeier. Zweitens sind einmal getroffene Beschlüsse – dazu mehr ab Seite 119 – bis mindestens zur nächsten Sitzung gültig. Da kann schon eine Woche ganz schön lang werden ...

Wichtige Regeln

Regeln, die den Ablauf der Sitzung betreffen, sollten zu Beginn gemeinsam festgelegt und allseits akzeptiert werden. Nicht eine Person stellt Regeln auf, sondern alle beraten darüber. Natürlich kann derjenige, der den Familienrat vorstellt, auch entsprechende Vorschläge machen. Hier ein paar Beispiele:

> Wir versammeln uns immer am Esstisch. (Oder: Wir treffen uns immer im Wohnzimmer.)

> Getränke sind erlaubt, Essen nicht. (Oder: Bei jedem Familienrat gibt es einen Eisbecher.)

> Wir melden uns per Handzeichen zu Wort. (Oder: Nur wer den Tennisball in der Hand hält, darf sprechen.)

> Die Sitzung wird mit einer Glocke eingeläutet.
> In der Küche hängt eine Pinnwand, an der Themenvorschläge
  für die kommende Sitzung gesammelt werden können.

Wer übernimmt den Vorsitz?

Bei der Sitzung gibt es einen Vorsitzenden, der den Familienrat
eröffnet beziehungsweise beendet, Themen ankündigt und den
Teilnehmern nach der Reihenfolge ihrer Wortmeldungen das
Wort erteilt. Der Vorsitz wechselt turnusmäßig. Jedes Familienmitglied kommt an die Reihe (auch das dreijährige!).

Wer führt Protokoll?

Über alle Beschlüsse wird Protokoll geführt. Was protokolliert
wird, hat Regelcharakter auf Zeit. Außerdem ist es wichtig, dass
im Lauf der folgenden Woche im Zweifelsfall nachgesehen werden kann, welche Regelung gilt. (»Hier steht es: Die Fernsehzeit
kann frühestens um vier Uhr nachmittags in Anspruch genommen werden!«) In einigen Familien, in der der Familienrat prak-
tiziert wird, wird das Protokoll der vergangenen Sitzung zu Beginn der neuen Sitzung vorgelesen. Das kostet Zeit, hat aber auch
Vorteile: Die Teilnehmer finden sofort den Einstieg und können
im Anschluss darüber befinden, ob ein Beschluss gut oder verbes-
serungswürdig war.

Wie werden Beschlüsse gefasst?

Beschlüsse müssen immer einstimmig gefällt werden. Es gibt
keine Mehrheitsbeschlüsse. Dieser Grundsatz widerspricht demokratischen Traditionen und stellt insofern einen Widerspruch
zur Theorie – demokratische Basis der Erziehungsprinzipien –
dar. Erfahrungen haben jedoch gezeigt, dass Mehrheitsbeschlüsse
immer wieder zur Unzufriedenheit der überstimmten Familienmitglieder führen, was sich äußerst negativ auf die Stimmung
auswirkt. Wenn also keine Lösung gefunden wird, mit der alle
einverstanden sind, muss das Problem vertagt werden – so lange,
bis sich alle auf eine gemeinsame Lösung einigen können. Die
Vorgabe der einstimmigen Beschlussfassung hat den Vorteil, dass

DAS WECKT ERINNERUNGEN

Ein altes Protokollbuch ist ein interessantes Erinne-
rungsstück zur Familienge-
schichte: Was hat uns be-
schäftigt, als die Kinder im
Kindergarten waren? Wel-
che Themen wurden wich-
tig, als unsere Große in die
Schule kam?

sie eine optimistische Sichtweise fördert: Sie geht davon aus, dass irgendwann eine Idee auftaucht, die alle zufriedenstellt.

Vor einigen Jahren war das Thema »Taschengeld« Dauerbrenner bei unseren Familienratssitzungen. Wir konnten lange Zeit keine Einigung über die Höhe der wöchentlichen Zahlungen erzielen. Das Problem musste mehrmals vertagt werden. Irgendwann machte jemand den Vorschlag, das Taschengeld monatlich und nicht mehr wöchentlich auszuzahlen. So hatten die Kinder einmal pro Monat einen größeren Betrag in der Hand. Wir Eltern blieben innerhalb der wöchentlich berechneten Limits, die wir für angemessen hielten.

Grundsätzlich gilt: Was vereinbart und von allen akzeptiert wurde, gilt – ohne Diskussion – bis zum nächsten Treffen, auch wenn sich der Vorschlag schon vorher als untauglich erweist.

Sind die Mitglieder zur Teilnahme verpflichtet?

Obwohl jedes Familienmitglied grundsätzlich verpflichtet ist, an den Ratssitzungen teilzunehmen, nachdem der Familienrat eingerichtet wurde, wird niemand zur Teilnahme gezwungen. Fehlt jedoch ein Teilnehmer – zum Beispiel weil er den Termin vergessen hat, verärgert ist oder keine Lust hat –, werden Beschlüsse ohne ihn gefasst. Er oder sie ist bis zur nächsten Sitzung dennoch an die Beschlüsse gebunden. Damit ist der demokratische Grundsatz gewahrt, zugleich aber sichergestellt, dass jedes Familienmitglied zur Teilnahme motiviert ist.

Die Ermutigungsrunde vorweg

Zum Beginn jeder Sitzung empfiehlt sich eine Ermutigungsrunde. Diese Einrichtung ist zwar im Konzept nicht verbindlich vorgesehen, hat sich in der Praxis aber bewährt. Eine Ermutigungsrunde wirkt sich positiv auf die Atmosphäre aus und beugt Konflikten unter den Familienmitgliedern vor. Das kann entschei-

KLASSISCHE THEMEN IM FAMILIENRAT

Die Rechte der Kinder (etwa Fernseh- und Computerzeiten, Freizeitgestaltung oder Taschengeld) können im Familienrat ebenso erörtert werden wie ihre Pflichten (Schularbeiten, Mithilfe im Haushalt ...). Rechte und Pflichten werden nicht von den Eltern zugewiesen, sondern gemeinsam besprochen und beschlossen. Die Chance, dass die Kinder die Straße kehren, den Hasen füttern und sich an Fernsehzeiten halten, ist sehr viel größer, wenn sie an der Entscheidung beteiligt waren!

dend für den Erfolg einer Sitzung sein, in der schließlich nicht nur angenehme Themen besprochen werden. Und so geht's:

> Jedes Familienmitglied sagt etwas Positives zum Nachbarn zur Linken oder zur Rechten. Das kann sich zum Beispiel so anhören: »Papa, ich danke dir, dass du mir letzte Woche geholfen hast, mein Fahrrad zu reparieren!« Oder: »Lisbeth, ich habe mich sehr gefreut, dass du Tommy gestern Abend eine Gute-Nacht-Geschichte vorgelesen hast, als ich keine Zeit hatte!«

> Wer für die Ermutigungsrunde viel Zeit einplanen kann oder das zumindest für ratsam hält, kann auch jedes Familienmitglied zu jedem anderen Teilnehmer sprechen lassen. Es empfiehlt sich, die Ermutigungsrunde vorher anzukündigen, sodass sich alle vorbereiten können und keine langen Pausen entstehen, die frustrierend und entmutigend wirken können.

TIPP: Namenskärtchen ziehen

Zur Ermutigungsrunde gibt es auch eine spielerische Variante, die vielen Kindern Spaß macht: Sie können die Namen aller Familienmitglieder auf Kärtchen schreiben und in eine Schale oder einen Hut legen. Jedes Familienmitglied darf ein Kärtchen ziehen. Wer seinen eigenen Namen zieht, legt das Kärtchen zurück und zieht erneut. Die Ermutigung richtet sich jeweils an denjenigen, dessen Name auf dem gezogenen Kärtchen steht.

Vorsicht, Stolperfallen!

Der Familienrat ist kein Meckertreffen, bei dem Eltern ihren Kindern mal zeigen, wo der Hammer hängt, und die Kinder stillsitzen und zuhören müssen, damit die Eltern ausreden können. Kein Familienmitglied hat mehr Stimmrecht oder Gewicht bei der Entscheidung als ein anderes. Es spielt diesbezüglich keine Rolle, wer mehr Erfahrung hat, wer das Geld verdient oder wer den Haushalt führt. Bei unseren missglückten Anfängen leitete mein Mann, von Beruf Jurist, ganz selbstverständlich die Sitzungen und sorgte mit väterlicher Autorität für Ruhe und Ordnung. Das konnte nicht gutgehen, denn wenn Eltern das Wort führen und eigenmächtig Beschlüsse fassen, fühlen Kinder sich kaum daran gebunden. Außerdem gebietet es die gegenseitige Achtung, auch den Kleinsten, der nicht so gut reden kann, ausreden zu lassen. Der Familienrat ist im Übrigen kein Therapieinstrument. Wenn ein Kind fortgesetzt den Clown spielt oder zunehmend aggressive

Tendenzen zeigt, ist das kein Thema für den Familienrat. Das Verhalten des Kindes kann sich durch die Signale, die im Familienrat gesetzt werden, bessern – aber es sollte dort nicht besprochen werden.

Es kann losgehen

> Laden Sie alle Familienmitglieder herzlich (vielleicht sogar schriftlich?) zur ersten Sitzung ein.
> Bereiten Sie etwas zu trinken für alle vor.
> Achten Sie darauf, dass beim ersten Treffen die Regeln der zukünftigen Sitzungen erörtert und festgelegt werden (Protokollbuch, Rotation der Ämter, Zeitpunkt und Dauer einer Sitzung, Abstand zwischen den Treffen ...).
> Schlagen Sie als Thema die Planung einer gemeinsamen Unternehmung vor, zum Beispiel ein Wochenendausflug. Es ist nicht ratsam, in der allerersten Sitzung große Probleme auf die Tagesordnung zu setzen. Die Familienmitglieder sollten sich mit der neuen Einrichtung erst einmal vertraut machen, bevor es ernst wird. Wenn allerdings Themenvorschläge von den Kindern kommen, die in diese Richtung gehen, sollten sie nicht abgeschmettert werden. In diesem Fall findet die Feuerprobe eben sofort statt.

WAS DER FAMILIENRAT VERSPRICHT

Der Familienrat bietet allen Beteiligten – Kindern wie Eltern – Chancen zur persönlichen Weiterentwicklung. Kinder lernen durch den regelmäßigen Familienrat von klein auf die Regeln eines Meetings kennen. Sie lernen zuzuhören und andere ausreden zu lassen, den eigenen Standpunkt zu formulieren und zu vertreten, Lösungen zu suchen statt auf vermeintlichen Rechten zu beharren, Verantwortung innerhalb einer Gruppe und für eine Gruppe zu tragen. Sie erkennen, dass ihre Meinung gefragt ist und sie einen wertvollen Beitrag leisten. Eltern erfahren, dass Kinder Regeln besser einhalten, wenn sie selbst mitbestimmen, dass Kinder sehr oft gute Ideen haben, wenn sie an Lösungsprozessen beteiligt werden. Sie lernen, ihren Kindern etwas zuzutrauen und Verantwortung abzugeben.

Bücher, die weiterhelfen

Bueb, Bernhard
Lob der Disziplin
List Verlag, Berlin
• Verteidigungsschrift eines
langjährigen Internatsleiters zu
einem umstrittenen Prinzip der
Pädagogik; polarisierende, aber
informative Diskussionsgrund-
lage zum Thema

Dreikurs, Rudolf
Ermutigung an jedem Tag
Verlag Herder spektrum,
Freiburg
• Anstöße zum Nachdenken für
Eltern, die ihre Kinder ermuti-
gen und sich selbst dabei nicht
vergessen wollen

Dreikurs, Rudolf; Gould,
Shirley; Corsini, Raymond J.
**Familienrat. Der Weg zu
einem glücklicheren Zusam-
menleben von Eltern und
Kindern.**
Vorwort von Sadie E. Dreikurs.
Aus dem Amerikanischen von
Dietrich Hamm. © 1974 Sadie E.
Dreikurs, Shirley Gould, Ray-
mond J. Corsini. Klett-Cotta,
Stuttgart 1977, 2003 (1. Auflage
in der Reihe: Kinder fordern
uns heraus)
• Ausführliche Beschreibung
und Anleitung zu einer demo-
kratisch fundierten Kommuni-
kation in der Familie

Dreikurs, Rudolf; Grey, Loren
Kinder lernen aus den Folgen
Verlag Herder spektrum,
Freiburg
• Schimpfen und Strafen ver-
meiden: Anleitung zu einem
konstruktiven Umgang mit den
alltäglichen Konflikten zwischen
Eltern und Kindern

Dreikurs, Rudolf; Soltz, Vicky
Kinder fordern uns heraus
Verlag Klett-Cotta, Stuttgart
• Der Klassiker unter den Erzie-
hungsratgebern, der bei der Be-
wältigung konkreter Alltagsprobleme hilft; Basis ist die Individualpsychologie Alfred Adlers

Phelan, Thomas W.
1-2-3 Magic
Parent Magic, Inc. (USA) /
Child Management, Inc.
• Das amerikanische Original der
1-2-3-Methode, entwickelt vom
Psychologen Thomas Phelan

Schoenaker, Theo; Schoen-
aker, Julitta; Platt, John
**Die Kunst als Familie zu
leben**
Herder spektrum, Freiburg
• Wie Eltern eine entspannte
Beziehung zu ihren Kindern
gestalten können

Spitzer, Gerhard
Entspannt erziehen
Verlag Carl Ueberreuter, Wien
• Klare, einfache Erziehungs-
tipps, die durch Krisen führen;
Erziehung aus Kindersicht

AUS DEM GRÄFE UND UNZER VERLAG

Bentheim, Alexander; Murphy-
Witt, Monika
Was Jungen brauchen
• Das Kleine-Kerle-Coaching:
ein 5-Punkte-Programm, mit
dem Eltern ihre Söhne optimal
fördern können

Ettrich, Christine; Murphy-Witt,
Monika
AD(H)S – was wirklich hilft
• Ein 10-Punkte-Förderpro-
gramm und praktische Tipps
zum Umgang mit ADS-Kindern

Herold, Sybille
**Der große GU Kompass
300 Fragen zur Erziehung**
• Erziehungsklippen erfolgreich
umschiffen; Anregungen und
Rat für Eltern von Drei- bis
Zehnjährigen

Herold, Sybille
**Der große GU Kompass
300 Fragen zur Pubertät**
• Antworten auf die häufigsten
Elternfragen zum Leben mit
Kindern von 10 bis 16

Hüther, Gerald; Nitsch,
Cornelia
**Wie aus Kindern glückliche
Erwachsene werden**
• Wie Eltern vier wichtige Kom-
petenzen in den ersten Lebensjahren ihrer Kinder fördern
können: Vertrauen, Begeiste-
rungsfähigkeit, Aktivität, Ver-
antwortungsgefühl

Adressen, die weiterhelfen

Kaniak-Urban, Christine;
Nitsch, Cornelia
**Typgerecht fördern und
erziehen**
• Beschreibt vier Charakterty-
pen und erläutert, wie Eltern
den Typ ihres Kindes erkennen
und in der Erziehung darauf
eingehen können

Kast-Zahn, Annette
**Jedes Kind kann Regeln
lernen**
• Grenzen setzen, Verhaltensregeln vermitteln: Kinder in den
ersten zehn Lebensjahren konsequent und liebevoll erziehen

Nussbaum, Cordula
**Familien-Alltag sicher
im Griff**
• Effektives Zeit- und Selbstma-
nagement für junge Eltern

Stamer-Brandt, Petra; Murphy-
Witt, Monika
**Das Erziehungs-ABC von
Angst bis Zorn**
• Praktische Anregungen und
Lösungen für die 50 häufigsten
Alltagsprobleme

Valentin, Lienhard;
Kunze, Petra
**Die Kunst, gelassen zu
erziehen**
• Buddhistische Weisheit für
den Familienalltag; mit praktischen Übungen zu Achtsamkeit
und Meditation

DEUTSCHLAND

Adler Dreikurs Institut für soziale Gleichwertigkeit

Kirchstr. 29, 31079 Sibbesse
www.adler-dreikurs.de
• Individualpsychologische Beratung für Gruppen, Paare und
Einzelpersonen

Adler Schoenaker Institut

Mohlstr. 47, 78532 Tuttlingen
www.adler-schoenaker-
institut.de
• Beratung in Einzelgesprächen
und in der »Offenen Werk-
statt«

Deutscher Caritas-verband e. V.

Karlstr. 40, 79104 Freiburg
www.caritas.de
• Regionale Familienbildungs-
stätten der Caritas bieten Erziehungsberatung, Workshops
und Kurse für Eltern an

Deutscher Kinderschutz-bund e. V.

Schönebergerstr. 15,
10963 Berlin
www.dksb.de
• Bundesweite Kursangebote
»Starke Eltern – starke Kinder«
zum Themenschwerpunkt Ge-
waltprävention

Gudrun Halbrock Stiftung

Gustav-Leo-Str. 14,
20249 Hamburg
www.kinder-respektvoll-
erziehen.de
• Initiative zur Verbreitung pädagogischer Konzepte nach der
Adler-Dreikurs-Methode

Verein für praktizierte Individualpsycholgie e. V.

36391 Sinntal-Züntersbach
www.vpip.de
• Verein zur Vermittlung, Beratung und Ausbildung indivi-
dualpsychologisch orientierter
Trainer (nach Adler, Dreikurs,
Blumenthal und Schoenaker)

ÖSTERREICH

Pädagogisches Zentrum Weiz

www.rudolf-dreikurs-insti-
tut.at
• Vorträge und Kurse rund um
das Thema Erziehung

SCHWEIZ

Elternnotruf Zürich

Weinbergstr. 135, 8006 Zürich,
Tel. 044/2618866
• Beratung zu Erziehungsfragen
rund um die Uhr

Register

Impressum

© 2011 GRÄFE UND UNZER VERLAG GmbH, München

Projektleitung: Monika Rolle

Lektorat: Rita Steininger

Bildredaktion: Henrike Schechter

Umschlaggestaltung und Layout: independent Medien-Design, Horst Moser, München

Herstellung: Christine Mahnecke

Satz: Christopher Hammond

Reproduktion: Repro Ludwig, Zell am See

Druck: Firmengruppe APPL, aprinta druck, Wemding

Bindung: Firmengruppe APPL, sellier druck, Freising

ISBN 978-3-8338-2114-1

1. Auflage 2011

Bildnachweis

Illustrationen: Michael Luz, Stuttgart

Fotos: Corbis: S. 2, 22, 112. Picture Press: S. 1. Plainpicture: Umschlag U1 und U4, S. 3, 6, 60. Privat: S. 4.

Syndication: www.jalag-syndication.de

Umwelthinweis

Dieses Buch wurde auf chlorfrei gebleichtem Papier gedruckt. Um Rohstoffe zu sparen, haben wir auf Folienverpackung verzichtet.

Wichtiger Hinweis

Die Ausführungen in diesem Buch stellen die Meinung bzw. Erfahrung der Autorin dar. Sie wurden von ihr nach bestem Wissen erstellt und mit größtmöglicher Sorgfalt geprüft. Dennoch können nur Sie selbst entscheiden, ob und inwieweit Sie diese Vorschläge mit Ihrem Kind umsetzen können und möchten. Lassen Sie sich in allen Zweifelsfällen zuvor durch einen entsprechenden Fachmann/eine Fachfrau beraten. Weder Autorin noch Verlag können für eventuelle Nachteile oder Schäden, die aus den im Buch gegebenen praktischen Hinweisen resultieren, eine Haftung übernehmen.

GRÄFE UND UNZER

Ein Unternehmen der
GANSKE VERLAGSGRUPPE

Die GU-Homepage finden Sie im Internet unter www.gu.de

Unsere Garantie

Mit dem Kauf dieses Buches haben Sie sich für ein Qualitätsprodukt entschieden. Wir haben alle Informationen in diesem Ratgeber sorgfältig und gewissenhaft geprüft. Sollte Ihnen dennoch ein Fehler auffallen, bitten wir Sie, uns das Buch mit dem entsprechenden Hinweis zurückzusenden. Gerne tauschen wir Ihnen den GU-Ratgeber gegen einen anderen zum gleichen oder zu einem ähnlichen Thema um.

Liebe Leserin und lieber Leser,

wir freuen uns, dass Sie sich für ein GU-Buch entschieden haben. Mit Ihrem Kauf setzen Sie auf die Qualität, Kompetenz und Aktualität unserer Ratgeber. Dafür sagen wir Danke! Wir wollen als führender Ratgeberverlag noch besser werden. Daher ist uns Ihre Meinung wichtig. Bitte senden Sie uns Ihre Anregungen, Ihre Kritik oder Ihr Lob zu unseren Büchern. Haben Sie Fragen oder benötigen Sie weiteren Rat zum Thema? Wir freuen uns auf Ihre Nachricht!

GRÄFE UND UNZER VERLAG
Leserservice
Postfach 86 03 13
81630 München

Wir sind für Sie da!
Montag–Donnerstag: 8.00–18.00 Uhr
Freitag: 8.00–16.00 Uhr
Tel.: 0180 - 5005054*
Fax: 0180 - 5012054*
E-Mail: leserservice@graefe-und-unzer.de

*(0,14 € /Min. aus dem dt. Festnetz,
  Mobilfunkpreise maximal 0,42 € /Min.)

Neugierig auf GU?
Jetzt das GU Kundenmagazin und die GU Newsletter abonnieren.

Wollen Sie noch mehr Aktuelles von GU erfahren, dann abonnieren Sie unser kostenloses GU Magazin und/oder unseren kostenlosen GU-Online-Newsletter. Hier ganz einfach anmelden:
www.gu.de/anmeldung

Ein Unternehmen der
GANSKE VERLAGSGRUPPE